図説歳時記

日本の室礼《にっぽんのしつらい》

二木屋の作法

小林玖仁男

監修　みかなぎりか
写真　大橋 賢

求龍堂

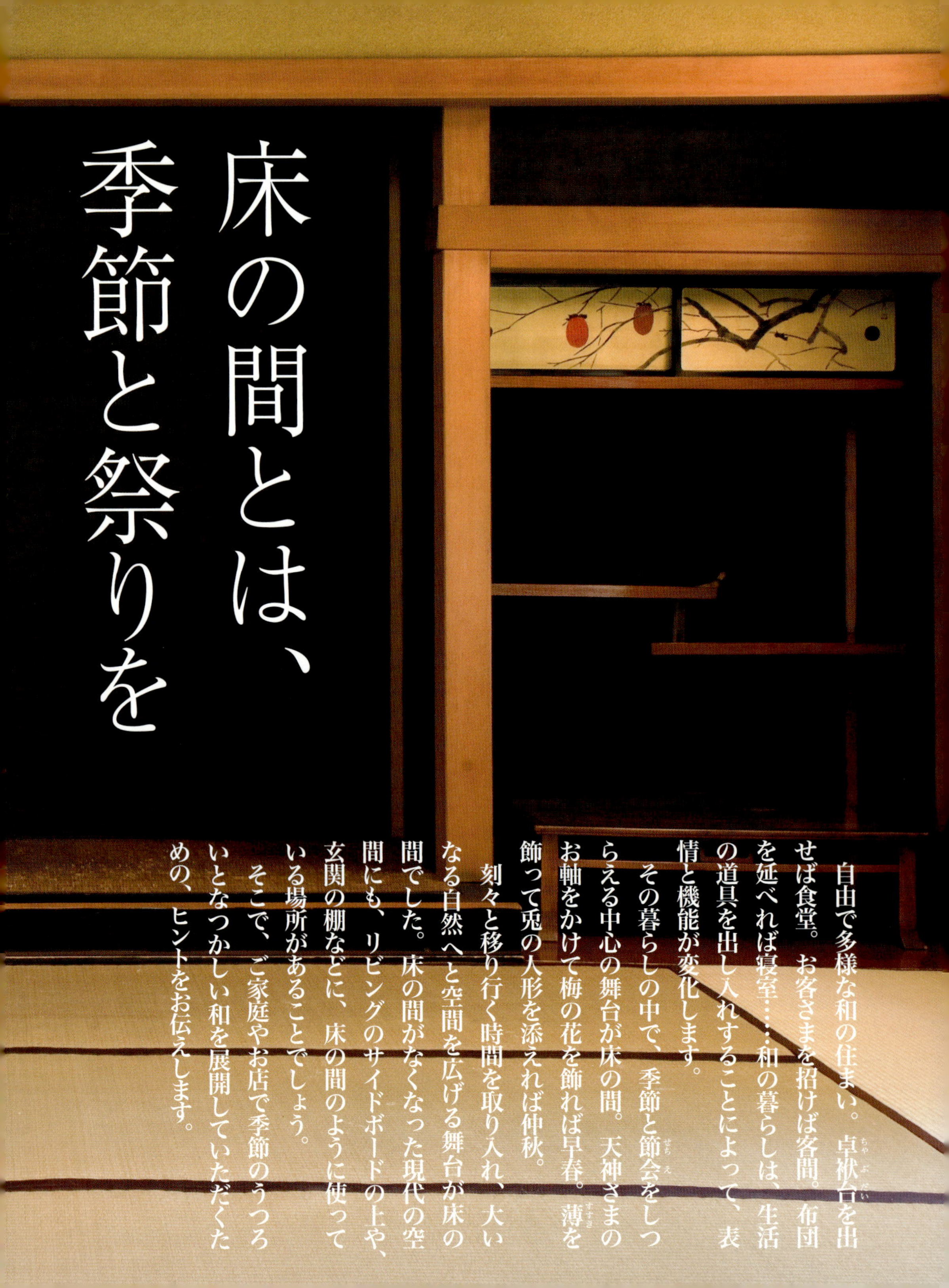

床の間とは、季節と祭りを

自由で多様な和の住まい。卓袱台《ちゃぶだい》を出せば食堂。お客さまを招けば客間。布団を延べれば寝室……和の暮らしは、生活の道具を出し入れすることによって、表情と機能が変化します。

その暮らしの中で、季節と節会《せちえ》をしつらえる中心の舞台が床の間。天神さまのお軸をかけて梅の花を飾れば早春。薄《すすき》を飾って兎の人形を添えれば仲秋。

刻々と移り行く時間を取り入れ、大いなる自然へと空間を広げる舞台が床の間でした。床の間がなくなった現代の空間にも、リビングのサイドボードの上や、玄関の棚などに、床の間のように使っている場所があることでしょう。

そこで、ご家庭やお店で季節のうつろいとなつかしい和を展開していただくための、ヒントをお伝えします。

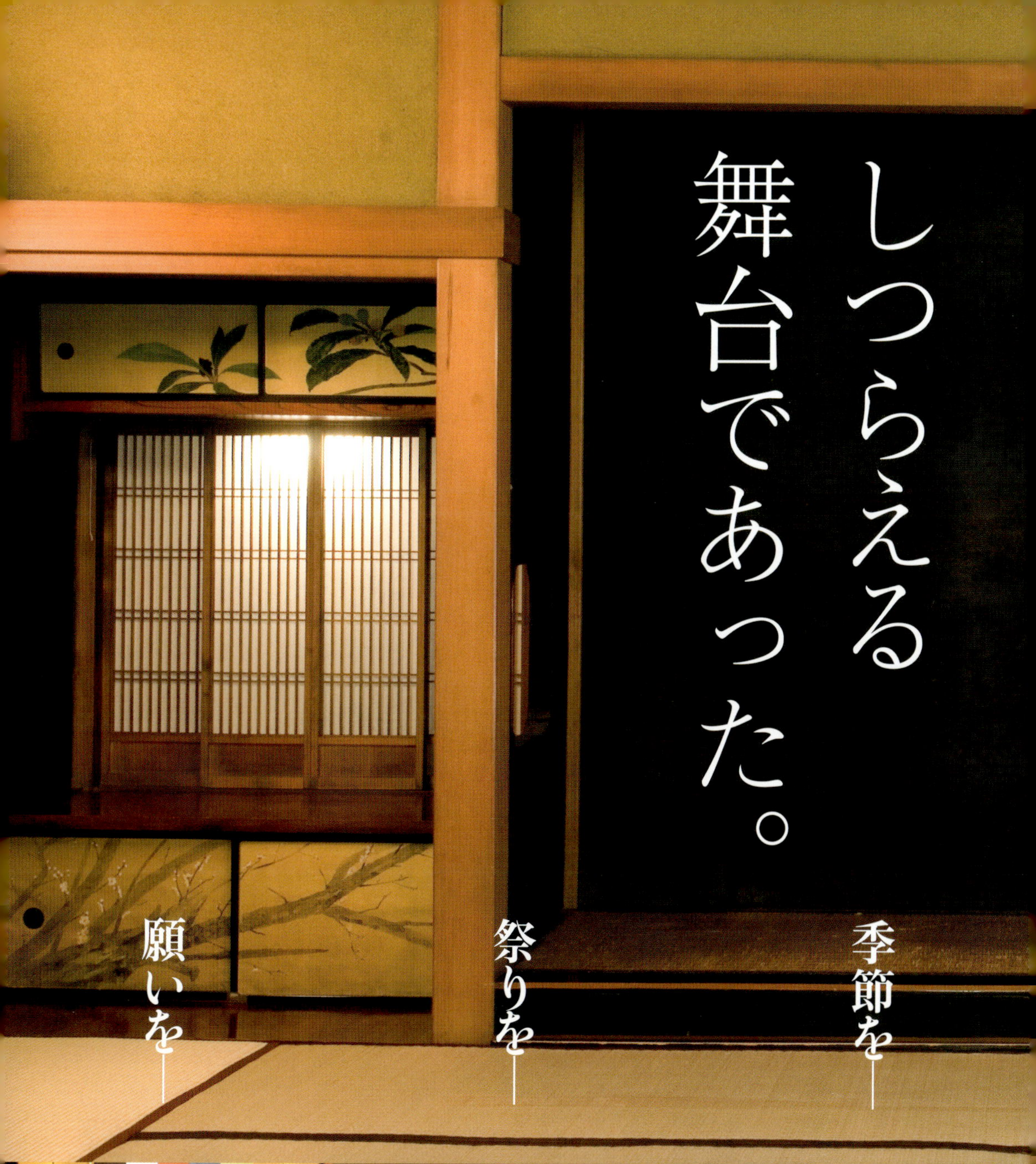
しつらえる
舞台であった。
季節を――
祭りを――
願いを――

形から入って心を知る
形を作って心を磨く

江戸東京博物館館長
竹内 誠

江戸時代人と現代人の大きな違いは、時に対する観念です。江戸時代は、時の移ろいが生活のリズムになっていました。一年の単位では春夏秋冬の四季の美しさを楽しみ、一ヵ月の単位ではお月さまの満ち欠けによって日にちを知り、一日の単位ではお天道さまの光や位置で時刻を感じていました。

一日を味わいながら、一月を味わいながら、四季を味わいながら、一年を楽しみながら過ごします。

このように、自然と共生し、自然と折り合いをつけながら時を過ごすのが江戸時代人の暮らしでした。一時《いっとき》はおよそ二時間ですから、どれほどゆったりしていたかが分かります。

現在では〝時は金なり〟とばかりに、経済性と効率性を軸にしていかに有効に時間を過ごすかが課題になりました。ゆっくりしていては時間が無駄になってしまうという感覚です。その結果、心にゆとりがなくなってしまったのではないでしょうか。

いまこそ、我々の祖先が味わってきた暮らしぶりや心に思いを馳せたいものです。

「形より心」という考え方が一般的かもしれません。しかし、

「形から入って心を知る」

という方法もあります。心の豊かさを追い求める際に、形を作ることによって心を磨くという方法です。失われてしまった自然との対話を、形から始めて徐々に取り戻していってはいかがでしょうか。

節供や節会《せちえ》を、季節感を取り入れて昔ながらにしつらえるというのも形です。依代《よりしろ》をしつらえる、お供えを供える、人形を飾る、季節の花を装う。それは一つの形です。しかし、たとえ形から入ったとしても、心に支えられたものでなければ真の形にならないことを、やがて気づくことでしょう。

日本には融通無碍《ゆうずうむげ》の神さまがおいでになります。それは宗教とも違う、日本人独特の観念です。神さまは、高い山にも宿り、巨木にも宿り、大きな岩にも宿っています。

姿は見えないけれど、依代があればど

節供とは、共に祝う自然への感謝。

ここでも降りて来ていただけるありがたい存在です。お正月は松に、雛祭りには桃の花に、端午には菖蒲《しょうぶ》に、七夕には笹に、重陽《ちょうよう》には菊に、降りてくださいます。神さまの降りてくださる依代をしつらえ、お供えをし、神さまと共に共食するのが節供の本来の意味です。

面白いことに、四季折々の行事を見ていると、一方では厄除けのお願いを、一方では幸せをもたらすお願いを聞いてくださるという様式を持っています。たくさんの神さまが存在し、それぞれ分業で私たちの生活を守ってくださっているのです。

節供の行事は、自然への感謝が籠められています。それは個人で祝うより、共同で祝うべきものでした。ごちそうを作り、神さまにお供えするだけではなく、親類縁者が集まって食しました。

現在は、地縁・血縁の共同体が崩壊してしまったために、行事が成り立たなくなってしまいました。そこで、家庭での行事は姿を消してしまったのです。

江戸東京博物館は、江戸と東京四〇〇年の伝統文化を展示し、それを媒介にして地域の人々と交流し、地域の発展を担いながら、さらに広く世界に情報発信しています。

自然と共生し、時の移ろいを節会にたくして味わう……

素晴らしい日本の文化を今こそ見直す時期ではないでしょうか。和の文化を誇りに思います。

たけうち まこと

江戸東京博物館館長。徳川林政史研究所主任研究員、信州大学教授を経て、現在東京学芸大学名誉教授、徳川林政史研究所長、日本博物館協会副理事長を兼任する。専攻は江戸文化史、近世都市史。著作活動の他、ＮＨＫ大河ドラマ、金曜時代劇などの時代考証を担当する。

一月 人日《じんじつ》の節供

一年の最初の節供は人日。一日は鶏、二日は狗、三日は猪、四日は羊、五日は牛、六日は馬と大切な家畜を祝って、七日目が人の節供。後世は七草となりましたが、古くは人日と呼び中国では五節供と定めました。

二月 節分

二月の大きな行事は、節分。季節が分かれる日なので、節分。季節の分かれ目は気《き》が不安定で鬼に狙われやすいと考えられていました。そこで、一年の無事を願って鬼を退治します。神さまの眼である五穀の作物・大豆で鬼を追い払います。

三月 上巳《じょうし》の節供

三月の節供は、上巳の節供。三月の最初の巳の日に祝ったので上巳。日本に伝わった時に陽の数字が並ぶ三月三日に定まりました。春の一日、川に穢《けが》れを流す禊《みそぎ》の行事と宮中のひいな遊びの習慣が習合して華麗な雛祭りへと発展しました。

四月 花祭り 47

四月は、花祭り。お釈迦さまがお生まれになったルンビニーの花園を再現したかのように、花見堂を花々で飾り立て、お釈迦さまに甘茶をかけて健康を祈ります。「天上天下唯我独尊」とは、「天上も天下も、私が秩序を平等にする」が本意とか。

五月 端午の節供 55

五月の一番端の午の日に行われた端午の節供。これも毎年日にちが変わるのは不便なので、陽の日が重なる五月五日に定着。江戸時代に菖蒲《しょうぶ》の節供と呼んで幕府の重要な式日とされたのは、菖蒲が勝負、尚武に通じると考えられたからでした。

六月 梅雨 63

六月は水無月《みなづき》。雨がいっぱい降って天には水が無くなってしまうので、水が無い月と呼ばれました。湿気が多い地上には黴《かび》が生えるので中国では「黴雨」。それではいかにも情緒がないので、日本では梅が実る季節として「梅雨」と記されます。

七月 七夕の節供 79

幸せいっぱいで遊んでばかりいた牽牛《けんぎゅう》と織女。神さまの怒りに触れて天の河の対岸に引き離されてしまいました。そして、一年に一度だけ逢瀬を許されたのです。七夕は恋人たちの願いがかなう日として、平安貴族は恋愛成就を祈りました。

棚機《たなばた》 七夕 乞巧奠《きっこうでん》 80
天の河 82
二星の料理 84

八月 夏祭り 87

夏祭りの季節。京都などの都市では疫病退治が主眼で、祇園祭りが代表的。農村部では来たるべき収穫に備えての祭りで、秋田の竿燈、青森のねぶたが代表的です。また、旧暦七月は新暦の八月に当たるために、多くの地方では盆が行われます。

汗と喧噪の夏祭り 88
涼を呼ぶ 90
夏の室礼 91
うを食べる 92
お盆 93
迎え火 送り火 94

九月 重《ちょう》陽《よう》の節供 95

九月九日は、まさに極まった陽の数字である九が重なる重陽の節供。菊の節供とも呼ばれます。菊の花を浸した菊酒を飲み、菊の花に降りた露で体を拭い、長寿を願いました。長寿の思想は、現在では敬老の日として受け継がれています。

不老長寿を願った重陽 96
後の雛 97
被綿《きせわた》 98
十五夜 十三夜 99
重陽の料理 100
器の温度 102
一月、三月、五月、七月、九月 五節供をしつらえる 佐藤禎三 104
長寿の願い 106

十月 薪《たきぎ》能《のう》 107

十月は神無月。神さまは出雲に集まって各地にはいらっしゃらなくなるので神が無い月。でも、出雲には神さまがいっぱいいらっしゃるので神在月とも呼ばれ

ます。二木屋では神さまをお迎えして盛大に薪能を催します。本来、能は神事でした。

十一月 霜月

「霜月」「霜降り月」「雪見月」とも呼ばれる十一月。霜が降り、雪が降り、本格的な冬を迎える季節。出雲の国にお出かけになっていた神さまが地元にお帰りになる月。「神楽月」という異名にちなんで、二木屋では七福神が勢揃いします。

十二月 聖夜

クリスマスには和の空間に重厚なクリスマスグッズが登場。庭にはイルミネーションがイエス・キリストの誕生を祝います。六日後には除夜の鐘、翌日の元旦は初詣。日本人はこの一週間でキリスト教、仏教、神道と渡り歩きます。

和をとりもどす

「和」、美しい日本の呼び名。

和……その文字は、人の声に応じて合わせることが原義。ひいては、心を合わせて和《やわ》らぐことを意味しています。温和、柔和……おだやかでのどかなこと。平和、融和……仲良くして争わないこと。調和……ほどよいこと。和の意味はすべて、人と人とが優しく解け合う様子を表しています。

和の空間に、美しく移り行く節季の室礼を取り入れて、和の心でおもてなしをするのが和の国の文化です。

伝統的な日本建築が姿を消し、床の間や玄関の飾り棚がなくなり、庭もコンクリートで固められてしまったのが現代の住まいです。しかし、だからこそ、和の室礼、和のおもてなし、和の心が感銘を誘います。

四季、十二ヵ月。

さらに一年を細かく二十四節気に分けた自然観。（137頁参照）

寒さはまだまだの「小寒」、本格的な寒さの「大寒」、春に向かう「立春」、雪も雨に変わる「雨水」、虫が地上に這い出す「啓蟄《けいちつ》」、春らしくなる「春分」が春。

草木が清らかに萌えいずる「清明」、穀物を潤す雨「穀雨」、夏に向かう「立夏」、万物が成長して満ちあふれる「小満」、種蒔きの時期「芒種《ぼうしゅ》」、だんだん暑くなる「夏至」が夏。

本格的な暑さはまだまだの「小暑」、本格的な暑さの「大暑」、秋に向かう「立秋」、暑さはもう終わりの「処暑」、露が降りる「白露」、秋らしくなる「秋分」が秋。

露も冷たくなる「寒露」、霜が降り始める「霜降」、冬に向かう「立冬」、雪が降り始める「小雪」、大雪が降る「大雪」、さらに寒くなる「冬至」が冬。

繊細な季節感を暮らしに取り入れるのが室礼です。

願いと感謝。

季節に託して祈る

願い＝「こうなりたい」こと。

瑞穂の国・日本では、願いと言えばまず五穀豊穣。五穀とは、元々中国の五行説が五つに総括したものですが、日本では「いつつのたなつもの＝田から採れるもの」と呼んで貴重な作物としました。水の豊かな地域では稲を、麦を。乾いた地域では粟や稗を。貴重なタンパク源である豆を。五穀が実ることはそのまま経済の豊かさをもたらしました。

感謝＝「ありがとう」の心。

日本のほとんどの祭事は五穀豊穣の願いと感謝が起源です。正月は、注連縄《しめなわ》を張り巡らせて神さまの居場所を作り、今年も豊作であれと願います。春祭りは五穀豊穣を神さまにお願いする祭りであり、秋祭りは実りの感謝の祭り。年末には一年の豊作を感謝してお供えを神棚に供えます。やがて、欲張りな人間たちは、重陽《ちょうよう》の節供は不老長寿、上巳《じょうし》や端午の節供は子孫繁栄の願いも加えました。

商売繁盛＝金運の願い。

商業が発達した江戸時代には願いに経済活動が加わります。

大阪の住吉神社の末社、楠珺社《なんくんしゃ》には、毎月最初の辰の日に授与され、現在の招き猫のルーツと言われる「初辰猫《はったつ》」という招き猫がいます。右手は金運を招き、左手は幸運を招くとか。右手で金運を招いた後は、左うちわで暮らします。だって、右手は金運招きに忙しいわけですから、うちわで煽《あお》ごうとすれば左手しかあいていませんよね。

楠珺社の初振袖

美しかった過去を、未来へつなげる。

戦略デザイン研究所所長
水口健次

日本の、いまの消費をリードしているのは、シニアだ。五十代、六十代、七十代、八十代だ。しかも、ハッキリと女性だ。

いまの先、近未来のリーダーも間違いなくシニアだ。まちがいなく女性だ。

なぜか。

ヤボになるが、ちょっと説明しておこう。

かの女たちは大集団なんだ。

その上に、カネと時間を持っているんだ。

エネルギッシュな肉体を持っているんだ。

さらに、その上に、「家族のために費やした三十年」を取り返そうと思っているんだ。「わたしらしいわたしになるんだ」と決意しているんだ。

だから、パワーがあるんだ。

反対に、これまでずーっと、日本の消費をリードしてきた若い世代は、小さな集団になってしまった。そして、カネももっていない。意欲もない。体力もない。だから、パワーにならない。情けない。

……というわけだ。

過去という未来。

さて、そのシニアの女性たち、かの女たちの求めるものは何だ。

楽しい時間だ。懐かしい空間だ。おしゃべりだ。美味しい食事だ。旅だ。花だ。風だ水だ。空だ雲だ。日本の四季だ。優しい体験だ。


「ネ、ネ、ネ、聞いて、聞いて…」


と言いたくなる体験だ。

日本は、いま、傷んでいる。相当前から傷み続けている。可哀想なくらいだ。

いまより、ずっと前のほうが、ずっと美しかったし、ずっと美味しかったし、ずっと優しかった。

だから、かの女たちをもてなそうとすれば……。

かの女たちに、「ワー、スゴイ、ウレシイ」と叫んでもらおうと願えば……。


傷んでいなかった過去を提示する以外にない。優しい時間を提示するしかない。しかも、現実の過去を超える美しさをもって……。

二木屋、小林玖仁男がはじめたことがそれだ。かれは、「過去という未来」を創造しようとしているんだ。

小林玖仁男は奇妙な人だ。尋常ではない。かれの友人たちも、どうも尋常じゃない人ばかりだ。その人たちが、それぞれ勝手に通過してきた時間が、「過去という未来」というテーマに結集してきている。

不思議だ。

かれの仕事を応援したい。

美しい「過去という未来」のために、けなげな日本のために、美味しい時間を探し続けている自分のために。

みずぐち けんじ
戦略デザイン研究所所長。日本マーケティング研究所の設立に参加し、一九八九年に戦略デザイン研究所を設立。企業、特にメーカーの課題解決・戦略構築に実務的に取り組み、一九八二年には日本能率協会のマーケティング功労賞を受賞。

晴《はれ》と褻《け》

日本人は、「晴れの日」と「褻」の日を暮らしていました。

松竹梅市松文大振袖

神々と共に暮らしていた昔、日常生活と神さまがおいでになる日とは、確実に区別していました。日常生活は、褻。儀礼や祭り、年中行事などの非日常は晴。冠婚葬祭や年中行事などは、まさに長雨の後の晴天のように晴れやかな気持で臨んだものでした。

質素に暮らしている日常生活では、餅、赤飯、尾頭付きの魚、酒などは登場しないごちそうでした。そこで、晴の日をどれほど待ち望んだことでしょうか。晴の室礼をし、晴れ着を準備し、晴のお膳を整え、祭りの晴舞台に出かけます。立ち居振る舞いや言葉遣いまで改まっていたそうです。

もうひとつ、穢《けが》れを払う目的もありました。「ケガレ」とは、日常生活のエネルギー、気《け》が枯渇するから「気枯れ」。不浄な日常生活では、次第に精神が汚れてくると考えられていました。

晴の日は、祭事を通して穢れを払い新たな生活の活力をいただく機会でした。

一月 人日の節供

じんじつのせっく

古来の中国では、一月七日が人《じん》日《じつ》、三月三日が上巳《じょうし》、五月五日が端午、七月七日が七夕、九月九日が重《ちょう》陽《よう》と、五つの節供がありました。一月だけが七日なのは、一日は鶏の日とし、順次、狗《いぬ》の日、猪の日、羊の日、牛の日、馬の日など大切な家畜に敬意を表し、七日目を人の日と定めたからでした。

江戸時代、一年の始まりをめでたく祝おうという気持が元旦を祭日とし、七日は七草の節供として人日の節供とは言われなくなりました。

五穀豊穣を祈願するお正月。東北地方では稲の豊作を祈る俵に養蚕の収穫を祈る繭玉を盛大に飾ります。

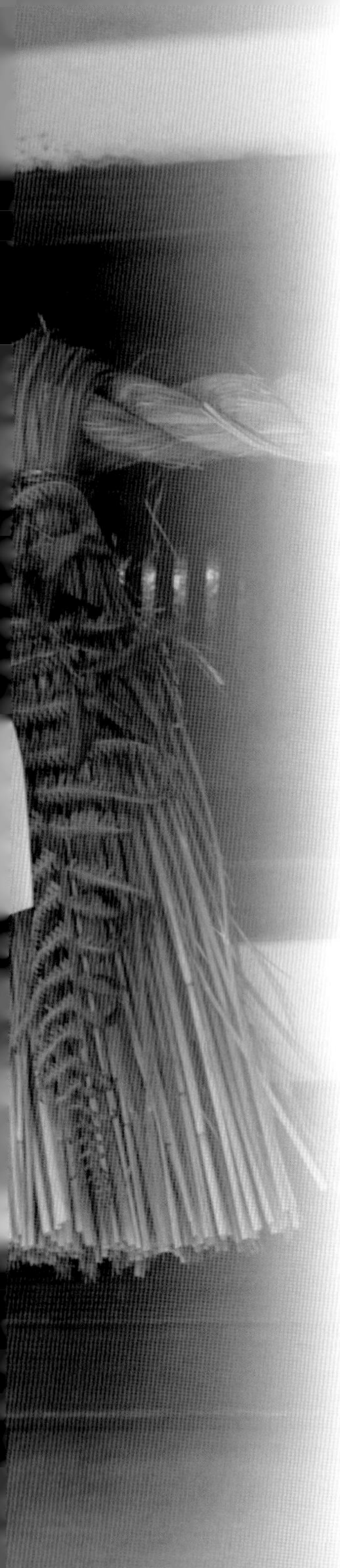

欲しいもの、幸せ 欲しくないもの、災難

福を寄せる神、厄を除ける神

幸せと災難。神さまはそれぞれ分業で、福を寄せ、厄を除け、人々の平安を守ってくださいます。

節供や祭りは、それぞれの神さまに精一杯働いていただくチャンスと感謝の機会でした。

人々は、折に触れて神さまが自宅に降りてきてくださるように特別な場所をしつらえます。目出度い松や竹を飾り、依代《よりしろ》と呼ぶ神さまが依《よ》ってくださる物に見立てるのです。

注連縄《しめなわ》は、占める、つまり神さまの占有で不浄のものの侵入を禁止する印。お正月やお祭りには家中に注連縄を巡らせ、いつもの生活空間が神さまをお招きする舞台になります。

でも、神さまは日頃から家中におわします。神棚には伊勢神宮などの守護神。台所には荒神《こうじん》。また、厠《かわや》神とか雪隠神《せっちんかみ》とか呼ばれる神。お正月には日頃の感謝を籠めて家中の神々に幣《ぬさ》や松を供えます。

注連縄・笑う門には福来る

神さまの領域と人間の領域を隔てるための、紙垂《しで》をつけた縄を注連縄と呼びます。稲藁を使うのは、農耕民族の象徴だからでしょう。お正月に家々の玄関に飾るのは、神さまをお招きする用意ができている印。尾道出身の二木屋は笑門注連縄でお迎えします。

決まりの形

お正月さまを迎える心

稲玉飾り

お正月は、元旦にお歳神《としがみ》さまをお迎えして、昨年の豊作と平穏に感謝し、新しい年の豊穣と平和を祈念する行事です。

中国の五行説では、ものごとを五つに括る考え方があります。五穀(稲、麦、粟、稗、大豆)、五味(酸＝すっぱい、苦、甘、辛、鹹《かん》＝塩辛い)、五臓(肝、心、脾、肺、腎)、そして五節供も五行の思想から五つに決められていました。

瑞穂の国の日本なのですから、お正月の生け花には、精一杯、五穀豊穣を表現しましょう。

稲玉をたっぷりあしらって、金銀の水引で新年のお祝いを表現しました。花器は隠崎隆一さん。静岡の凧絵をお母さまの着物で表装したお軸は、佐藤禎三さんにいただきました。

鏡餅

三種の神器の一つ、八咫鏡《やたのかがみ》を模したという丸く平たいお供え餅。昔の鏡は青銅製の丸形で、神事に用いられていた神聖なもの。二つ重ねるのは、太陽と月を表しているとも言われます。

鏡餅が現在のような形で床の間に飾られるようになったのは、室町時代からのこと。一般に餅に加えて、お正月さまが乗っておいでになる譲葉《ゆずりは》、伊勢神宮に奉納されるところから縁起物となった熨斗鮑《のしあわび》、腰が曲がるまで長生きしますようにと願う海老、葉が枯れても必ず生えてくる裏白、喜びが続きますようにと願いを籠めた昆布、代々繁栄を祈って橙《だいだい》などが飾られます。

ころ柿は外側に二個ずつ、内側に六つで、「外でニコニコ、仲睦まじく」というシャレを表しています。

神さまの器

昔、昔、縄文・弥生時代は、人々は土器で作られた脚付きの台で食事をしていたそうです。山口県防府市の遺跡からは高杯《たかつき》がたくさん発掘され、遠い祖先が瓶《かめ》で炊いた米を高杯に盛って食べていた様子が伝わってきます。

時代が下ると、木製の平台に脚をつけて漆で塗った器が登場します。角を正式とし、丸を略式としたとか。さらに後世には陶磁器でさまざまなバリエーションが登場。古代の人々が使った高杯は神饌《しんせん》を盛る神さまの器として使われるようになりました。

炭の浄化作用に注目して室礼に使い始めたのは佐藤禎三さん。年の初めの神さまの光臨にふさわしく、神さまの器に新年を清める意味で炭を盛り、水引で松竹梅をあしらいました。

箸袋

箸文化は、中国、朝鮮半島、そして東南アジアの一部と日本のみ。箸と匙《さじ》と併用している他の国は日本ほどの発展はみせませんでした。

箸の最古の記録は『古事記』。平安時代には箸と匙が併用されていたようですが、次第に箸だけが用いられるようになります。箸は、切る、剥《は》がす、ほぐす、押さえる、運ぶなどさまざまな機能が要求され、独特の発達を遂げました。さらに、箸置、箸袋などの関連グッズが工夫されるようになりました。

お正月に使う祝い箸は、両方を削り、片方は神さま用、片方は自分用。神さまとの共食を表しています。箸袋には、家長が家族の名前を書きます。箸の突き出ている部分を上にして書くのが関東風、下にして書くのが関西風です。

おせち料理にはシャレがいっぱい

おせち料理の語源は御節供《おせち》料理。
語呂合わせを駆使して、目出度い材料をたくさん登場させました。

雑煮

雑煮には、各地方でさまざまな流儀があります。餅は、西の丸餅と東の角餅。それを焼くか焼かないか。汁は、澄まし汁か味噌仕立てか。味噌は赤みそか白みそか。小豆仕立てにする地方もあります。写真の雑煮は、蓮根で鶴を、椎茸で亀をあしらいました。

数の子

たくさん卵を抱える鰊《にしん》にあやかり、子宝に恵まれ、子孫代々の繁栄を願います。

田作り（五万米）

片口鰯《いわし》の稚魚を干したゴマメは、五万米が語源。高級肥料であった干鰯《ほしか》を田植え時に蒔くと、田作りの肥料となり五万もの米が採れたというのが由来です。

海老

長い髭と丸い背中から、夫婦共に元気で長生きできるようにと不老長寿の願いが。

伊達《だて》巻《ま》き

伊達とは、派手、華やかなこと。また、巻物に似ているところから、文化の発展を願う意味もあります。

黒豆

黒には魔除けの力があり、この一年マメ＝真面目に働き、マメ＝健康で過ごせますようにという願い。

昆布巻き

「よろコンブ」の語呂合わせから、鎌倉・室町時代からの祝いの席の必需品。また昆布の古語「ヒロメ」が広めるに通じ、長い姿が縁起が良いと解釈されています。

きんとん

漢字では金団と書き、財宝の意味。クチナシで色づけしてピカピカに仕立てます。

膾《なます》

大根と人参でお祝いの水引をかたどった酢の物。平安への願いです。

牛蒡《ごぼう》

豊作の年には黒い瑞鳥《ずいちょう》が飛んでくると信じられ、形が似ている牛蒡は豊作への願い。

八頭《やつがしら》

子芋をたくさんつけるところから、子孫繁栄の願い。

くわい

芽にあやかって、「お芽出とう」の意味。梅や松などお目出度い細工もします。

蓮根

穴があいていて遠くが見えることから、先見性を願って。

鰤《ぶり》

成長するにしたがって名前が変わる出世魚にあやかりたいという願い。

鯛

めでタイの語呂合わせから鯛信仰が生まれました。神さまに供えた後いただきました。

重詰めのおせち料理は保存が利くという特徴を持っています。正月に熾《おこ》す火は神聖なもので、神と共食する雑煮以外にはなるべく使わないようにという配慮から。また、日頃忙しく働く女性を休ませたいという配慮でもありました。

重運七宝（上）

「ん」は「運」に通じ、「ん」のつく食材は目出度さの象徴。七段重に装うと運と宝が重なる「重運七宝」です。

神との共食（下）

高杯は神さまにお供えする器。正月には人も神に近づきたいという願いを籠めて料理を高杯に装いました。

七草粥

長い冬に閉じ込められ、やっと芽吹いた青野菜

七草粥

正月のごちそうの後は、疲れた胃を休めるための七草粥。雪の下からやっと芽を出した草々から、不足していたビタミンをいただきましょう。

春の息吹き、その〝気〟をいただく

「せり（芹） なずな（ぺんぺん草） ごぎょう（母子草《ははこぐさ》） はこべら（蘩蔞） ほとけのざ（田平子《たびらこ》） すずな（蕪《かぶ》） すずしろ（大根） 春の七草」。春の七草は生命の喜びと健康への願いを籠めて、一月七日に食べられます。

早朝、一家の主婦は「七草なずな 唐《とう》土《ど》の鳥が 日本の国に 渡らぬうちに」と口ずさみながら、まな板の上で七草を刻みます。家族はその音を聞きながら起床し、健康を祈って七日の膳を囲みます。

唐土の鳥とは、疫病をもたらす大陸からの渡り鳥と考えられていて、それが来ないうちに体力をつけておこうという意味でした。

長い冬に閉じ込められてひっそりと地下に眠っていた生きとし生けるものが一斉に活動を始め、命を謳歌する春。穀物や根菜など保存のきく食材で冬を過ごし、やっと芽吹いた青野菜を食べるのは栄養学的にも価値のあることでした。

平安時代、宮中では一月十五日に、七種類の穀物で粥を作って食べた習慣がありました。それは、米、粟《あわ》、稗《ひえ》、黍《きび》、胡《ご》麻《ま》、小豆、蓑米《みのまい》の七種。蓑米とは、イネ科ミノゴメ属の数の子草のこと。日本古来の穀物粥を食べる風習と、中国伝来の新年に若菜を食べる習慣が合体して、七草粥が定着しました。

ちなみに、春の七草は食べられる草々、秋の七草は観賞用の花々です。秋の七草は、山上憶良《やまのうえのおくら》が「秋の野に 咲きたる花をおよび折り かきかぞふれば 七草の花」「萩の花 尾花葛花《くずばな》 撫子《なでしこ》の花 女郎花《おみなえし》また藤袴《ふじばかま》 あさがほの花」と詠んだことに由来します。あさがほは、桔梗《ききょう》の異名です。

一月七日は人日《じんじつ》とも呼ばれました。五節供最初のお節供です。五節供は、上巳・端午・七夕・重陽と、奇数月の数字が重なる日に行われました。

元旦から大切な家畜の無病息災を祈り、最後に人間の日と決めたのが七日だったのです。江戸時代には人日も五節供の一つで、幕府は七草粥を食べて祝いました。

六世紀初めに中国で編纂された『荊楚歳時記《けいそさいじき》』に、「正月七日を人日と為す。七草の菜をもって羹《あつもの》をつくる」とあります。中国では七草の汁物をつくって無病息災を祈念し、この風習、伝統が日本に渡来したわけです。

五節供土鈴（京都）

お正月の行事いろいろ

初日の出

お歳神《としがみ》さまは、私たちに幸せをもたらすために、年の初めに光臨なさいます。それは、初日の出と共に地上に降り立つと信じられていました。

そこで、一年の幸せをお願いするために、見晴らしの良い場所に行き、初日の出を拝みます。なるべく高いほうがご利益があるのか、富士山頂のご来光は特に有名です。

初詣

除夜の鐘が鳴り終わった瞬間からが新年。三十一日の深夜から神社に出かけてお参りすることを「二年参り」とも呼び、真っ先に願いを聞き届けていただきたいという思いが伝わります。

本来は氏神さまをお参りしていましたが、氏神さまを持たない人々も、持つ人々も、有名な寺社へ出かけて願いをかけることが多くなりました。

年男

年末の大掃除、お正月のお飾り、神棚へのお供えなどを取り仕切る人のこと。昔は、節供も祭りも神事であり、神事の準備万端は家長が取り仕切っていました。そして、次第に長男や奉公人など若者が当たるようになりました。

今では、その年の干支《えと》生まれの人を年男年女と言いますが、本来は神事に携わる男性のこと。

屠蘇《とそ》

屠蘇とは、悪鬼を屠《ほふ》り、死者を蘇《よみがえ》らせる意。中国の三国時代の名医華陀《かだ》が調合した薬草。日本でも、屠蘇散を大晦日の夜に味醂に浸し、元日の朝に年少者から順番に飲んで健康を願う習わしがあります。

屠蘇散は薬局で売っていますので、今年は買い求めて家族の無病息災を願ってみてはいかがでしょうか。

雑煮

一年で一番晴れの日の元旦には、餅を煮て雑煮を作ります。

雑煮と書くと、雑な煮物のように感じますが、もともと神さまに供えた餅をいただいたもので、儀礼的な酒宴で供された格式の高い食べ物でした。餅に加えて、野菜や魚、鳥、海藻など山海の材料を偏りなく取り合わせたごった煮だったから雑煮という名前がついたのでしょう。

お年玉

お年玉とは、元々神さまに供えた鏡餅を分けていただいたもの。鏡餅は鏡をかたどったもので、魂を映すものと言われていたところから、餅を魂＝玉と呼びました。

最近のお年玉はだんだん高額になっていますが、本来は小銭を渡したもの。調査によると、三千円から一万円の間で、相手との関係によってあげています。

鏡開き・どんど焼き

神さまに供えた鏡餅を割って食べるのは鏡開き。割るという忌《い》み言葉を嫌って、開くと言います。一月十一日が主流です。

正月飾りを一定の場所に集めて焼くのは、九州では六、七日、また他の地方では十四日の夕方か十五日の朝。地方によって、どんど焼き、左義長《さぎちょう》、さいとう焼き、ほっけんぎょう、などいろいろな名前で呼ばれてます。

小豆粥《あずきがゆ》

十五日は満月。正月気分も終わって一段落したところで、粥に小豆を散らし、満月に見立てた丸餅を入れた小豆粥を食べました。

お正月に忙しかった女性をねぎらって女性だけの宴会を催したので、女正月。お正月の後の満月の日なので、小正月。邪気を祓う小豆入りの粥を食べるので、小豆正月などと呼ばれます。

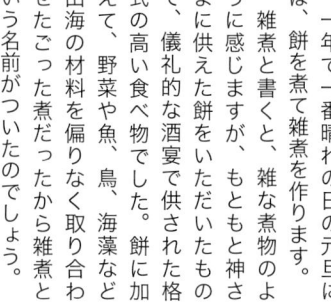

十二支を愛でる

動物に託して時間や空間を表現

十二支は盛岡まゆ人形　村田三樹二郎作

子
子沢山の鼠にあやかって、
子孫繁栄の願い。

丑
荷物を運び、田畑を耕す牛。
働き者になりますように。

寅
千里を行って千里を帰る、
虎のように勇壮な活躍を。

卯
赤い目は邪気を祓う霊力。
五穀豊穣を司るお使いです。

辰
帝王の象徴の龍。龍のように強くたくましく。

巳
金運、子宝のシンボルとされています。

午
神社に絵馬を奉納するように、神聖な動物でした。

未
様々な作物が成熟する陰暦
六月を表し、豊作への願い。

申
日照りや大火を防ぐ象徴。
お正月の猿回しも火伏せ祈願。

酉
早起きの鶏。つがいで卵を温める夫婦円満の象徴。

戌
安産の守り神。そして、金銀財宝の象徴でもあります。

亥
猪突猛進にあやかり、健康に暮らせますように。

ある年の暮れ、神さまは動物たちにおふれを出しました。「元日の朝、早く挨拶に来たものから十二番目のものまで、それぞれ一年間の大将にしてやるぞ」と。牛は歩みが遅いので、暗いうちから出発。ずる賢い鼠は、牛の背中に乗り、神さまの寸前で飛び降りて一番に到着。そこで、子（鼠）、丑（牛）、寅（虎）、卯（兎）、辰（龍）、巳（蛇）、午（馬）、未（羊）、申（猿）、酉（鳥）、戌（犬）、亥（猪）という順番になりましたとさ。猫がいないのは、鼠に翌日だと教えられたからでした。

十二支とは、本来は中国の古い天文学用語で、動物を当てはめたのは後世になってからのこと。日本各地には、土地特有の郷土玩具があり、十二支は必ずテーマになっています。

二月

節分《せつぶん》

節分とは、文字通り季節を分ける意。立春、立夏、立秋、立冬の前日を節分と呼びました。現在では立春の前の日のみが残っています。

とかく、季節の変わり目には鬼や妖怪が跋扈《ばっこ》すると考えられ、その難を払って新しい季節の平安を願ったのが追儺《ついな》であり、豆まきでした。

豆は、魔目や魔滅に通じると同時に、五穀豊穣の一つに数えられる日本の基幹作物。そこで、難を打ち払うのに格好だったのです。

二つの一升枡と五合枡を重ねて升升半升＝益々繁盛、厄除けの鬼と福寄せのお多福の面を添えてしつらえました。面は京都の嵯峨野面です。

福豆と鰯《いわし》

福を招いて邪気を祓うお守り

節分の前身は、宮中で行われていた追《つい》儺《な》という行事。大晦日に、文字通り災難を追い払うための儀式でした。その追儺と節分が融合し、豆で鬼を追い払う行事となって現在まで伝えられています。

邪気を祓う鰯

節分は季節と季節を分ける隙間であり、邪気や悪霊が忍び込みやすい瞬間。季節の循環を滞りなく超えることが自然と共に暮らす人々の最大の関心事でした。特に、冬から収穫の春に向かう節分は、邪気追放に大わらわ。門口や軒下に棘《とげ》が侵入者を刺す柊《ひいらぎ》、ガラガラと音を立てて侵入が発覚してしまう豆殻、臭いのきつい鰯の頭などを刺して邪気悪霊を追い払おうとしました。

福を招く豆

節分行事の代表は、豆まき。節分の夜には豆を炒り、枡に入れて神棚に供えた後で、一家の主人が「鬼は外、福は内」と唱えながら出入り口や各部屋に撒いて邪気を払います。その後、家族は年齢の数だけ豆を食べ、無病息災を祈りました。

一方では鰯で邪気を払い、一方では福豆を食べて無病息災を願う。ここでも厄除と福寄せの思想が生きています。「鰯の頭も信心から」という言葉は、鰯に託した日本人の心を表しています。

春を告げるお水取り

寺院では修二会《しゅにえ》という法要が営まれます。正月の修正会《しゅしょうえ》に対して二月だから修二会。内容は正月と同様に、一年の豊作や平安を祈るもの。旧暦の二月がインドの新年に当たることから、それに倣って催されるようになりました。現在は三月に行われますが、東大寺二月堂のお水取りは、日本の修二会の起源です。

大豆の大舟煮
大豆が鮑《あわび》をやわらかくし、鮑の味が大豆にふっくらと染み込み、大舟煮は鬼もうらやむ古典的な日本の伝統料理の知恵です。

鰯のしょうが煮
小鰯を焼いてから煮ると型崩れなし。しょうがが鬼も嫌う生臭さを消してくれます。鬼退治にはトゲトゲの柊を添えて。

鬼に金棒
赤い京人参の味噌漬でつくった鬼の面の剥き物。後ろには海老にぶぶあられをまぶして揚げ、金棒に見立てました。

素材の気持ちになる。時間と手間をかける

二木屋料理長　伊藤四郎

家が農家でしたから、母も遅くまで田畑で働いていました。学校から帰ってご飯を炊いて待っていると「四郎の炊いたご飯はおいしい」と誉められ、それがきっかけで料理が好きになりましたね。

日本料理は、四季おりおりに旬の素材が登場します。その素材の気持ちになって、持ち味を生かすことが料理の極意です。そのためには、時間をかける、手間をかける、じっくりと面倒を見る……それが家庭料理と料亭料理の違いかもしれません。

料亭の場合、お客様と直接顔を合わせることが少ない環境です。だからこそ、お客様を知るために、お給仕にお客様の反応を聴く、洗い場を覗いてもし食べ残しがあったら下げた料理を食べてみる・飲んでみる。お客様に「おいしかった。楽しかった」と感じていただけることが料理人の喜びです。

梅ほころぶ 椿咲く

春一番に咲く花は梅。

母が植えたしだれ梅がほころびました。しだれ梅は本来、家屋近くに植えて楽しむものだそうですが、二木屋では能舞台をしつらえるために白梅の大木のたもとに移植しました。そして、紅白で楽しんでいただいています。

春のお造り

鶯を千車唐《ちしゃとう》で作り、下には野菜で梅の花弁を散らしました。

春の前菜

冬牡丹の雪囲いをあしらって、牡丹の花弁は海老。地面に残る雪はメレンゲです。

節分のお茶うけ

「鬼は内　福こそ外へとおおらかに　情け通って鬼も仏に」。鬼は家にいらっしゃい、福はみなさまにさしあげましょうと、私が詠んだ歌を添えて豆とお面はお持ち帰りいただきます。

季節を分ける

二月はまた、如月《きさらぎ》（衣更着）と呼ばれ、着物を更に重ねたいと解釈されるほど寒さが増す月。そして梅の花が咲くので梅月とも呼ばれます。

奈良時代には、花と言えば梅。『万葉集』には、梅を詠んだ歌は一一六首あるのに、桜はたった四十一首しかありません。平安時代になると次第に逆転し、以降、桜が主役に躍り出てゆきます。

明治五年まで使われていた太陰暦では、正月を挟んだ前後半月の間に節分がやってきました。明日からは春、季節を分けるので節分と呼びました。

現在使われている暦、太陽暦では、まだ寒いうちに正月がやってきます。そして、立春は二月ですから、約一ヵ月のずれが生じます。

初午

節分後の初めての午の日

和銅四年（七一二）のこの日、稲荷社の本社である京都の伏見稲荷に馬に乗って神さまが光臨されたと言い伝えられています。稲荷は、稲が成るイネナリに通じ、農業の神さまだったので稲荷神社に降り立ったのでしょう。

元々稲荷信仰は、農業を司る倉稲魂尊《うがのみたまのみこと》を祀って五穀豊穣を祈願するものでした。倉稲魂神は、ウカ、つまり穀物・食物の神さまなのです。

神さまが馬に乗って降り立ったのが午の日。そして、農業にとって重要な働き手だった馬が、神さまの乗り物でした。そこで、馬信仰も加わります。馬が健やかに一年を過ごせるようにと、馬を引いて稲荷神社にお参りする風習が今でも残っている地方があります。

新暦の二月初旬はまだ衣をもう一枚重ねたいほどの寒い季節。でも、旧暦では、そろそろ農業を始めなければならない時期です。そこで節分後の初めての午の日、初午は田の神さまをお迎えする日として、盛大に祝いました。

この日、「正一位稲荷大明神」と書かれた幟《のぼり》を立て、灯明を上げ、油揚げや赤飯を供えます。子供たちは集まって初午太鼓を叩いたり、共食をして楽しみました。

正一位とは、朝廷から授けられる位階のことで、最高級の位の神さまであることを表しています。

稲荷神社には狐が祀られていると誤解されている風がありますが、狐は単なる稲荷神社の使いであり、祭神ではありませんので、ご注意を。

庭の稲荷神社に向かう馬たち

五穀豊穣を司る稲荷神社に使える狐は、油揚げが好物だとされています。初午には、庭に祭った稲荷神社に農産物をお供えし、お使いの狐のためには稲荷寿司を供えます。

おしのぎは稲荷寿司

お客さまには、おしのぎとして一口サイズの稲荷寿司をお出しします。春の芽吹きの青物を添えて。器は和《やわら》茂吾《もご》さんです。

天神さん

実在の人物を祀った神の中で一番の人気者

天神さまは、国つ神に対する天つ神、本来は天におわす神さまでした。ところが、平安期以降は、もっぱら菅原道真の御霊を指すようになりました。

道真は、右大臣まで上り詰めた秀才です。ところが、左大臣・藤原時平に失脚させられ、大宰府に流されてしまいます。

失意のうちに道真が亡くなった後、都には疫病が流行り、天変地異が続きました。人々は、道真の怨霊の仕業と恐れ、怨霊を鎮めるために、道真を天神さまとしてお祀りしました。

日本人は判官贔屓《はんがんびいき》と言われ、高貴な生まれで不幸になった人に肩入れしました。

天神さまは全国に祀られ、他の神社にも増して膨大な数だと言われています。

江戸時代になると、天神さまはもっぱら学問や文芸の神さまとして寺子屋などに祭られました。大変に人気のある神さまで、子供たちが賢く育って欲しいと、一家に一体天神人形があったほどです。

菅原道真のお軸

「東風《こち》吹かば　にほひおこせよ　梅の花……」と詠むと、道真を慕って京都から飛んで行ったという飛び梅。お軸は、梅の下に佇《たたず》む菅原道真です。

天神信仰

全国に一万二千社を超えるという天神さま。学問の神であり、習い事が上達するとされるとか。親心は、賢く育って欲しいという願いを籠めて、天神人形を買って子供たちのお守りとしました。

全国各地には、天神さまの郷土玩具がいっぱいあり、二月には天神さまが勢揃いします。

船引張り子（福島）　桑島巨良《たから》作

三月
上巳の節供《じょうしのせっく》

古代中国には、三月の最初の巳の日に、川に入ってケガレを浄める上巳節という祭時がありました。それが日本に伝わった時、毎年日にちが代わる巳の日より固定したほうが便利だということで、奈良時代には三月三日と定められました。

その、禊《みそぎ》の行事と宮中のひいな遊びが習合して、女の子の健康と幸せな結婚を願う雛祭りになりました。雛は、男女一対の簡単な人形から、宮中を模した絢爛豪華な人形へと発展していきます。そして、目にはガラスが使われ、金糸銀糸で縫い取りをし、写実的で豪華な古今雛で円熟期を迎えます。

雛祭り　ひいな遊びの軌跡

春は、生命の目覚める季節。そして、季節の変わり目は体調に変化がある季節でもあります。古来人々は、生命力の変化するこの時期、特に無病息災を祈ったのでした。春の禊《みそぎ》として、野山や川原に出て水を浴び身を浄めるという信仰が各地に残されています。

一方で、貴族のお姫さまたちは、「ひいな遊び」というままごと遊びを楽しんでいました。ひいなとは、鳥の雛のように小さく可愛らしいという意味。その様子は『源氏物語』や『枕草子』にも描かれています。

この、春の季節の厄除と、宮中のひいな遊びが習合して進化したものが、現在まで伝わる雛祭り。いずれも、女の子の健やかな成長を願う行事です。

厄除系のお雛さまは、流し雛に発展します。源流は中国から伝来した上巳節《じょうしせつ》。最初、お姫さまは身代わりとして下女を海や川に行かせて身を浄めました。ところが、春まだ浅く、水に入るのは大変なので、「ひとがた」に穢《けが》れを移して流すことになりました。その原型を留めているのは鳥取の流し雛。邪気を祓う赤い色、飛騨高山のサルボボや四国の奉公さんもこの系統です。

一方、ひいな遊びの系統は、男女一対のお雛さまを生み出します。棒に土団子をつけて紙衣《かみこ》を着た立ち雛が元祖。それが座り雛になり、紙衣が布になり、筆で書いた冠が立派な細工物になり……享保《きょうほ》、有職《ゆうそく》、古今と豪華な雛になったり、奢侈《しゃし》禁止令の反撥で芥子雛《けしびな》になったりして現在に至っています。

サルボボ（岐阜）

御坊人形（和歌山）
立雛の元祖の形を継承しています。

人形、ひとがた
祈りの心の変遷

土人形の段雛

雛の原型は天児《あまがつ》、這子《ほうこ》など幼児の枕元に置いて厄災を移し負わせるひとがたでした。

室町時代には、現在の雛人形の原型が登場します。それは、棒の先に土団子を付けて顔とし、それに紙の着物を被せた立ち雛でした。やがて、着物が布になってやや豪華になります。

元禄時代ともなると、人形制作の技術も向上し、座り雛が登場。必ずしも制作年代を表しているのではありませんが、室町雛、寛永雛と呼ばれます。室町雛は、男雛は直衣《のうし》姿で白絹の袴、女雛は紅絹《もみ》の袴。どちらも両手を張っています。寛永雛は、髪も冠も黒塗りで、髪を植える技術以前であったことが分かります。

次に生まれたのが享保雛。絢爛豪華な衣装をまとい、きらびやかな冠を乗せ、面長で気品ある容姿。その大きさで他の雛を圧倒しています。宝暦年間（一七五一～六四）に登場するのが有職雛。公家の装束や調度が有職故実に基づいて作られているのでこの名が付きました。

京都の人形師・雛屋次郎左右衛門が宝暦十一年（一七六一）に創始したのが次郎左右衛門雛。まん丸い顔に引き目鉤鼻の愛らしさで人気を呼びました。

そして流行の発信地は江戸へと転換。安永（一七七二～八一）の頃に登場したのは古今雛で、目にはガラスが使われた写実的で豪華なもの。しかし、人気で他者を圧倒した創始者の原舟月は陰謀によって江戸を追放されてしまいます。

その後、奢侈禁止令によって大型雛が御法度《ごはっと》になると三センチくらいの芥子雛が制作されます。上野池之端の七沢屋の雛は精緻な細工と豪華さで有名です。

流し雛（鳥取）

雛祭りのお招き

二木屋のお雛さまは、一〇〇〇体もあるでしょうか。いちどきには飾りきれないので、二月十日頃から飾り始めて前期とし、三月三日から四月三日までを後期として入れ替えてお雛さまを飾ります。その入れ替えの三月一日、二日、三日は、すべてのお雛さまを飾り、一般公開としてみなさまをお招きしています。

人形文化の中心がお雛さま
形式より心で飾る

世界で例を見ない人形文化を持つ日本
その最大の中心地は埼玉でした

川や海に出かけて水遊びを行った上巳《じょうし》の節供も、邸内に雛を飾った雛祭りも、元々は近隣縁者の交流という意味を持っていました。

川や海へは、縁ある人々が大勢で出かけて水辺で共食し、邪気を払って女の子の幸福を願いました。邸内に雛を飾るようになってからも、女の子が生まれた最初の雛祭りの日には、近隣縁者がその家を訪れ、人形や吊るし雛を贈り、共食をして祝いました。

地方によっては、〝雛荒らし〟という言葉が残っているように、この日は無礼講で食事をご馳走になっても許されたのだそうです。しかし、女の子の祭りだけに、挨拶の仕方や行儀作法を学んだという側面も持っていたようでした。

雛壇には、内裏《だいり》さまが一番上。その下に三人官女、五人囃子《はやし》、随身《ずいじん》、仕丁《しちょう》やご馳走が並びます。これは春のある日、京都御所の紫宸殿《ししんでん》で共食をしながら宴を行った様子を模しています。

三人官女は酒を注ぎ、五人囃子は音楽を奏でています。下級武士である仕丁までがお酒をいただいて、久しぶりのお酒を飲み過ぎた様子。一人は泣き、一人は怒り、一人は笑う。三上戸《さんじょうご》という言葉は

ここから発生しました。

昔は、「後の雛」と言い、旧暦の八月一日、あるいは九月九日にも雛人形を飾る習慣があったそうです。それは、空気が乾燥する季節に、大切なお雛さまの虫干しを兼ねていたとも言われます。二木屋の古今雛には一双の屏風があり、一つは春の桜をテーマとし、一つは秋の紅葉がテーマになっています。三月と九月に飾ることを前提に、春と秋の両方の意匠が用いられたのではないでしょうか。

世界中で最も人形文化が華ひらいたのは日本なのだそうです。そしてその日本の人形文化の中心が埼玉。岩槻、鴻巣《こうのす》、越谷《こしがや》、春日部、所沢……江戸時代から日本一の産地でした。

それは、徳川家康を神格化した東照大権現を祀るための一大プロジェクトが発端。東照宮を造営するために集められたありとあらゆる職人たちが、その仕事を終え、帰り道で埼玉に留まり人形を作りはじめたからでした。

雛の守護神、犬筥《いぬばこ》

安産の象徴である犬筥。女の子が無事に産まれると雛人形と一緒に飾られ、雛の守護神になりました。

享保《きょうほ》雛《びな》（左上中）

切れ長の神々しい表情、衣装には綿を入れて、両袖を張ったお姿が特徴。享保雛は中でも最大級で、四十五センチもあります。

お多福官女（左下）

官女のまん中にいる、既婚者の官女。お歯黒を塗っています。

お雛さまの料理

お雛さまのお造り

お内裏さまの器には、女雛にまぐろ、男雛にひらめ。女性の貞節の象徴である二枚貝を器に使い、三人官女に見立てました。左の蛤《はまぐり》には、鰆《さわら》の焼霜。真ん中の蛤には庭のきんかんを一緒に漬け込んだ鯛の昆布〆。右は刺身湯葉。蛍透《ぼんぼり》かしの器に蝋燭《ろうそく》を灯して雪洞に見立て、緋毛氈、桃の花、ひな祭りの景色を表現。

五味囃子

雪をあらわす白い器には焼《やき》霜《しも》の帆立の酸味。桃をあらわすピンクの器には菜の花の芥子《からし》和えの辛味。空をあらわすブルーには花豆のきんとんの甘味。菜の花をあらわす黄色には蕗の薹の苦味。若草をあらわす緑には鯛の塩辛の鹹味《かんみ》。五味を五色に装いました。器の形は雛の菓子である餅を引きちぎった「ひちぎり」を表現しています。

雛ちらし

節供料理は、同じ釜で炊いた料理を神さまにお供えしてから神さまの恩恵をみんなでいただく共食が身上。ちらし寿司は、大きな器から銘々に取り分けていただく共食の象徴です。干し椎茸の煮物、焼きあなご、海老、三つ葉で色美しく仕立てました。ご飯はしょうがをみじんに切って混ぜ、さっぱり爽やか、食が進みます。雛ちらしは日本各地で採れた春の材料で仕立てますから、全国各地、地方の数だけバリエーションがあり、まさに地産地消です。

木の芽ゼリーがけ

筍の姫皮と昆布〆の混ぜご飯に、さっぱり爽やかな木の芽酢のゼリーをかけたおしのぎ。筍の姫皮で包んでお雛さまの衣装に見立てました。筍の紐できりりと結んで、旬まっさかりの筍尽くしの気持をあらわしています。てっぺんに添えたのは、春の花色をあらわす黄身しぐれ。すっきりと青葉を立てて春の息吹を精一杯味わっていただきたいという心意気を表現。器は、お雛さまへのお供えの菱餅型を用い、心を尽くして雛祭りをお祝いします。

蛤のお吸い物

二枚貝は女性の貞節の象徴。同じ貝でなければぴったり合わないからです。そこで、蛤のお吸い物には貝を一対使いました。そして、身は二つ使って女雛、男雛を模しています。人参の花びら、大地の恵みのつくしんぼう、春の香りの木の芽。お運びする時に形が崩れないように、大根の薄切りをてっぺんに被せます。機能性と美しさと美味しさと、すべてを兼ね備えた雛祭りの定番料理です。黒のお椀は大地、具材は春爛漫の景色を装いました。

白玉ぜんざい

小豆の赤い色は邪気を祓う色。女の子が健やかに育ちますようにという願いで、雛の節供にもつきもの。雛の節供だけではなくお祝いの席に登場します。白玉は、神さまにお供えする最高級の素材、糯米《もちごめ》の粉。丸い形は太陽と月をあらわしています。三方は神さまにお供えする器で、丸より四角い形が格が高いとされています。それも邪気を祓う赤い色を使って。黒もじの楊枝のさわやかな香りで甘味を爽やかに召し上がっていただけます。

雛の料理に願いを籠めて

気をいただく

春の息吹をいただくのが菱餅。緑は蓬《よもぎ》、ピンクは桃の花、白は雪。雪の下には蓬が芽を出し、雪の上に桃の花が咲くという春の景色を表現しています。

蓬は、この時期に生え、生命力を象徴する植物。その新芽で作った草餅は、きっと健康と幸せを約束してくれるでしょう。

菱形にするのは、心臓を模しているという説と、邪気を射抜くために矢尻を模したという説があります。

貝合わせ
長澤龍彩作

決まりをいただく

雛祭りの料理には、貝類が主役です。それは、発祥となった磯遊びに供された名残りから。代表的な貝は、蛤《はまぐり》。蒸蛤、焼蛤、蛤の潮汁《うしおじる》、蛤飯などが登場します。蛤の代用としては、やっぱり二枚貝の浅《あさ》蜊《り》や蜆《しじみ》なども使われました。

二枚貝はまた、同じ貝でなければぴったりと合わないことから、夫婦円満の象徴とも考えられていました。

魚では、姫鰈《ひめがれい》とも呼ばれていた笹鰈。そして、ちらし寿司には、牛蒡《ごぼう》、干瓢《かんぴょう》、蓮根、干し椎茸、人参、白須干しなどが使われました。

二枚の貝の裏に書いた絵や歌を合わせて遊ぶ「貝合わせ」を入れる貝桶は、大名家の婚礼道具の中でも最も大切な物とされ、婚礼の行列の先頭で家老が捧げ持ったと伝えられています。

美しさをいただく

雛菓子の有名店は、各地にありますが、最も美しいのは山形県の酒田市の小松屋でしょうか。

東北地方から北国の産物を上方に運んだのが北前船。荷物を運ぶ船はある程度の重みがないと浮いてしまうので、荷を降ろした後、京都や大阪の珍しい品を積んで酒田に帰りました。

雛人形も、雛菓子も、そして職人も、そうやって酒田にもたらされ、酒田文化が花開いています。

小松屋の雛菓子

地のもの、旬をいただく

節供料理は、その季節に、一番最初に芽を出した植物や、最初に実った果実などをメイン素材にしました。それは、初物は霊力があると信じられていたからです。今でも初物を食べる時には日の出ずる東を向いてにこにこ笑ってから食べると七十五日長生きをするという言い伝えが残っています。

旬の素材を使ったからこそ、そして節供の意味を料理に籠めたからこそ、五節供それぞれに「おせち（節供）料理」がありました。しかし、後世になるに従ってその意味が薄れ、現在は正月のみにおせち料理という言葉が残されています。

また、流通が発達していないので、地の旬の素材でご馳走を作りました。そこで、各地でさまざまな節供料理の形式が作られてゆきます。

雛祭りの定番のお寿司も、東ではちらし寿司、西ではばら寿司と名前も変わり具材も変わります。

共にいただく

今は節句と書きますが、以前は節供という字を使っていました。

供＝供える、設ける、給する、奉《たてまつ》るなどの意。節供とは、ご馳走を神さまにお供えし、縁者が集い、共にいただく機会だったので、「供」の字を当てたのでした。

その昔、日本の食生活はそれほど豊かではありませんでした。

たとえ貴族といえども、日常の食事は極めて質素。特別な日にご馳走を食べたものです。そのために、特別な日は無礼講でも許されました。先に紹介した仕丁のように、お酒を飲み過ぎて高貴な人の前で泣いたり、怒ったり、笑ったりしても大目に見てもらえたのです。

庶民の生活はさらに貧しく、尾頭付きやお餅などは節供か冠婚葬祭しか登場しませんでした。

ご馳走をいただく、それも神さまと縁者と共にいただく、どんなにか待ち遠しかったことでしょう。

出かけていただく

百人一首に「君がため　春の野にいでて　若菜摘む　わが衣手に　雪は降りつつ」という光孝天皇の御製があります。この歌にみられるように、昔の人々は意外にアウトドア指向だったのですね。

若菜摘み、川遊び、山遊び、花見、紅葉狩り……縁者が連れ立って野山に出かけ、飲食を共にして楽しんでいたようです。それは、山や川には神さまがおいでになり、ケガレが浄められると信じていたから。そして、神さまと共食するのが目的でした。

ガラスの雛徳利

全国各地のお雛さま

全国の郷土人形を部屋いっぱいに飾る

女の子が生まれて初めての雛祭りは、初節供としてお祝いの席を設けます。お招きを受けた親戚縁者は、手作りの吊るし雛を贈る習慣がありました。その飾りが多ければ多いほど、その家の繁栄のしるし。現在では、山形県酒田市の傘福、福岡県柳川市のさげもん、静岡県稲取市の雛の吊るし飾りが三大吊るし雛として有名です。

子を想う親の気持は、誰でも同じ。宮廷から幕府へ、町人へ、そして全国に広がり、地域独特の郷土人形を育てました。

四月

花祭り《はなまつり》

春爛漫の四月。桜の花が一斉に咲き誇ります。万葉集の時代には梅の花を絶讃していた人々も、平安時代以降は桜の花に傾倒。桜の木の下に集い、花を愛で、神さまと共にご馳走を食べて本格的な春の到来を祝いました。桜は神聖な植物でした。

儀礼的な意味はすっかり無くなってしまったものの、花見の宴は今でも人々を惑わし続けています。

そして、四月八日はお釈迦さまのお生まれになった日。母上が帰省の途中誕生したルンビニーの花園では、百花繚乱と花が咲き誇り、まさに花祭りと名付けるのにふさわしい美しさだったそうです。

花祭り

お釈迦さまの誕生を祝う灌仏会

紀元前四六三年頃、釈迦族の王様・浄飯王とその妃・摩耶夫人《まやぶにん》との間に、お釈迦さまはお生まれになりました。摩耶夫人がお産のために実家へ里帰りする途中、ルンビニーの花園で休んだ時に誕生したのだそうです。恵まれた生活にありながら、二十九歳で出家し、三十五歳で悟りを開き、インド各地を遍歴して民衆を教化しました。

お釈迦さまの誕生を祝う催しは、灌仏《かんぶつ》会《え》と呼ばれます。灌は注ぐ、仏はお釈迦さま、会は節会の意。お釈迦さまが生まれた時、帝釈天《たいしゃくてん》や梵天《ぼんてん》が天から降りてきて、九龍《きゅうりゅう》が天上から産《うぶ》湯を注ぎかけたという故事に基づいています。

日本には、中国を経由して六〇六年(推古朝)に元興寺《がんごうじ》に伝来。承和七年（八四〇）には、内裏《だいり》の清涼殿で灌仏会が行われた記録があり、以降、宮中の恒例行事となりました。

その後、東大寺、薬師寺、東寺などのお寺でも恒例となり、次第に全国のお寺で広く行われるようになりました。

人々はお寺に参詣して花御堂に花と共に飾られたお釈迦さまの像に甘茶をかけて祈り、それをいただいて帰りました。

甘茶は中国伝来の薬草でしたから、飲むと丈夫になり、目につければ眼病が治り、墨を摺って字を書くと上手になると信じられていました。

甘茶

お釈迦さまにかける甘茶。甘茶蔓《あまちゃづる》というウリ科の多年生蔓草で、葉に甘みがあるのでこの名が付けられました。中国では七叶胆《チョーヨータン》と言い、ストレス解消、胃潰瘍・喘息《ぜんそく》を緩和し、女性の髪を黒くすると言われています。

花

東大寺元別当・華厳宗元管長・清水公照さんの揮毫《きごう》による「花」。

花
公照

天上天下唯我独尊

お釈迦さまはお生まれになったとたん、三歩歩まれ、右手は上を指し、左手は下を指し、「天上天下《てんじょうてんが》唯《ゆい》我《が》独尊《どくそん》」とおっしゃったそうです。

多くの場合、「この世界に私より尊いものはない」と思われがちですが、本当は「この宇宙に存在する全てのものは、みな平等で尊い」という意味。そして、「天上も天下も、私がその秩序を平等にするたった一人である」という意味が籠められています。お釈迦さまに守られている平穏な暮らしに感謝し、人々は花御堂に駆けつけます。

花祭りと呼ばれるのは、お寺の境内に花御堂という小さなお堂を造り、花で飾りたて、水盤の上にお釈迦さまの像を安置し、甘茶をかけ、灌仏会を祝ったことから名付けられました。花御堂を花で飾るのは、お釈迦さまがお生まれになったルンビニーの花園にちなんでいると説明されています。

桜と料理

一瞬の儚《はかな》い美を盛り込んで

桜の花の香りには鎮静効果があり、桜の木の下まででかけることによってその効果を期待したのでしょう。人々は春に酔いしれるために、誘い合って花見に出かけました。

桜の花見が習慣化するようになると、例えば江戸・王子の飛鳥山《あすかやま》などの桜の名所には料理屋が表れます。料理屋では、競って桜の意匠をお膳に取り入れ、桜見物にきた人々を喜ばせます。

私たちの祖先は柏の葉を食器として使っていました。柏葉は大きさも十分で、殺菌効果もあり、使いやすかったのでしょう。その伝統からか、現在でも、食器に葉を敷いて料理を装うという習慣が定着しています。

剣とは、細切りの添え物。大根を細く切って水に放し、ピンと張りを持たせて使います。剣は邪気を祓うので、食あたりを防ぐという意味もありました。

明治に入ると、会席料理も次第に見せ場を要求され、料理に花を添えるようになります。それは、褄《つま》＝和服の裾の両端から出世し、頭に挿す簪《かんざし》とか稲妻とか呼ばれました。

花を料理に使う場合は、花びらを敷いて料理を盛る、料理の脇に花を添える、料理の上から花を撒くなどの方法があります。さすがに、桜の花を料理に使う場合は、花びらを撒く方法が一番。はかないピンク色は料理を邪魔せずに、春の風情を演出してくれます。

桜と並んで賞賛されるのが、紅葉。紅葉も桜に負けないくらい、あらゆる伝統文化に取り入れられてきました。

そして、桜と紅葉の両方を描いた意匠を「雲錦絵《うんきんえ》」と呼びます。桜の定型表現、花に群雲、紅葉の定型表現、唐錦。その雲と錦を融合させた呼び名は、なんとも粋なネーミングではありませんか。

桜の意匠をあしらった皿にお造りを装ったり、桜の花びらの器を使ったり。桜尽しで春を演出。

春爛漫をしつらえる
春いっぱいでこしらえる

桜のサは、早苗のサ、早乙女のサ、清らかなこと

「世の中に　たえて桜のなかりせば　春の心は　のどけからまし」。古今集に収録されている在原業平《ありはらのなりひら》の歌。

「散る桜　残る桜も　散る桜」は、江戸時代の詠み人知らずの句。盛大に咲いて、惜しげもなく散る桜は、潔《いさぎよ》いとして武家に人気がありました。

江戸は観光都市でしたから、積極的に観光名所を作り、飛鳥山（現・北区）、御殿山（現・品川区）などは桜の名所として人気を博します。それと同時に料理屋が登場し、日本料理は桜と共に発展していったのでした。

花見の原型は風土記の時代から行われていました。古来の桜は山桜。酒やご馳走を持って山に登り花を愛でるのは、行楽的な要素と同時に神に祈る儀礼的な要素もありました。

桜は神が宿る木。桜の「サ」はサナエ（早苗）とかサオトメ（早乙女）の「サ」に通じ、「清らかな」という意味を持つ接頭語。クラは蔵や鞍に通じ、神さまが宿る場所を意味するという説が有力です。

江戸から明治、そして現代になると儀

春秋一幅の雛屏風（部分）

礼的な要素はすっかりなくなり、桜の花を肴に酒宴と化してしまった花見。外国の人々は、桜への狂信がなせる狂宴と見ているようですが、違う文化圏の人々に日本人の桜に対する気持を伝えるのは難しいようです。

桜はまた、花を愛でるだけでなく桜餅や桜湯など食用にも用いられます。

桜餅は桜の葉の塩漬けが利用されますが、塩漬けの過程で抗菌作用が生まれてくるために、餅が長持ちするという生活の知恵だったのです。

また、お目出度い席で供される桜湯。お茶は「お茶を濁す」「茶番」「茶々を入れる」に通じると嫌われ、桜の花の塩漬けにお湯を注いだ桜湯が好まれています。

そして、続々と登場する旬の恵みたち。上旬、中旬、下旬と一ヵ月を十日で区切り、旬とは十日間を指します。たった十日間だけ、そして十日毎に季節の素材が登場するのです。四季が豊かな日本ならではの、恵まれた食生活ですね。

現在は、いつでも美味しい素材が手に入りますが、旬の食物は常にも増して美味しくて栄養価も高いので、精一杯、旬を楽しみましょう。季節の生命力をいただく喜びを実感できる瞬間です。

「走り」「盛り」「名残」という素材の呼び方があります。料理屋では走りを真っ先に使い、季節を先取り。そして、盛り、名残と使い分け、季節の移ろいを味わっていただきます。

秋の紅葉もまた、桜に並ぶ室礼の主役。紅葉の盆、紅葉の器、紅葉のお軸と意匠にはこと欠きません。生花にも添え、料理にもあしらい、室礼も秋いっぱいにこしらえます。

桜の器に桜羊羹を盛る

その季節の器
その季節の食材を装う

宇野千代さんの桜の器にデパートで出会い、一目惚れして買い求めました。桜の季節にやさしい桜色の羊羹を装ってお出しします。「どこでお求めになったのですか」とよくお客さまから訪ねられますが、その後、製造中止になり二度と手に入らなくなってしまいました。

器との出会いは一期一会《いちごいちえ》。出会った時に迷わず手に入れることにしています。

五月

端午の節供《たんごのせっく》

端午の節供の「端」は、一番始めの意。五月の一番初めの午《うま》の日が端午です。ところが、奇数の五が重なる日は「重五」と言って縁起が良いとされ、端午の節供は次第に五月五日に定着していきます。

平安時代は、宮中や貴族の家ではこの日を重要な節目としていて、中国に倣って菖蒲《しょうぶ》や蓬《よもぎ》を御殿に葺《ふ》きまわしました。

江戸幕府は五節供の一つとして幕府の式日に定め、武家社会に拡大。菖蒲は、勝負や尚武に通じ、男の子の祭りとして定着。合戦のシンボルとしての幟旗《のぼりばた》、大将飾りなどが盛んになりました。

端午の節供

悪霊を寄せつけないために
鍾馗《しょうき》を飾る、菖蒲をあしらう

菖蒲《しょうぶ》は、匂いが強く、虫を寄せ付けないことから、呪力の強い植物とされていました。また、根を干して煎じて飲むと解毒作用があり、健胃や去痰に効くと言われます。菖蒲湯に入る習慣は、菖蒲や蓬の強い匂いを身につけて悪霊を寄せ付けないでおこうという意味。菖蒲湯に入り、菖蒲枕で休むと、爽快な目覚めが約束されるとのことです。

農村では、この時期に行われる田植えと結びつき、田の神を迎えて行う祭りの要素が加わります。田植えに先立って行われる物忌みの行事でした。中国の端午の節供、平安時代に宮中で行われた菖蒲や蓬《よもぎ》を屋根に葺きまわした行事、江戸時代の五節供、そして農民信仰が複雑に絡み合って、現在の端午の節供の形に昇華していきます。

また、五月五日を「女の天下」と呼ぶ地方もあります。そろそろ田の神さまを迎える大切な時期。早苗を植える女性は田植えに先立って身を清めなければならず、家に籠もって物忌みをしました。

端午の節供には粽・柏餅が登場

端午の節供には、粽《ちまき》や柏餅が供されます。粽は、茅《ち》、つまり茅《かや》で巻いた餅というのが語源。米にも餅にも霊力が宿っていますが、さらに茅にも呪力があると考えられていたようです。茅はトゲトゲしていて、いかにも邪気を払ってくれそうです。茅を刀剣に見立てて、魔除けの効果を期待したものでしょう。江戸時代になると、真菰《まこも》の葉や笹が用いられるようになりましたが、粽という名前はそのまま残りました。

柏餅は江戸時代頃から始まったようです。餅も餡も砂糖も贅沢品で、晴の日のご馳走でした。神と共食する節供には欠かせない材料だったのです。柏の葉は、新芽が出てくるまで古い葉が落ちません。そこで、次代が生まれるまでは当代は死なない、家が絶えないという縁起をかついだもの。子孫繁栄の願いでした。

端午の共食に作った粽や柏餅は、近所や親戚などに配られました。親しい人々と食物を交換し、同じ物を食べて邪気を祓い霊力をいただくのは、節供のゆかしい習慣でした。

東西では端午の節供料理に違いが見られます。江戸の風俗事典『守貞謾稿《もりさだまんこう》』には「小豆あんには柏葉表を出し、味噌には裡を出して印とする」とあり、『続江戸抄子』には「かしははめでたきもの也。神代はこの葉に供御を盛り、或はさかづきなどにもなしり事見えたり。ときは木の中に葉の広きは、かしはのみ也。めでたき葉なればこれを用ゆと也。上方の国々にては、さのみ用いぬ事也」と、柏餅は東日本で珍重されていたようです。

一方、西の『浪花の風』には「端午には、汁にふき、茗荷の子、小赤豆、細根大根にあぶら物、焼き物には塩ざわらを用ふといふ。柏餅を製するは稀なり。すべて茅巻き用ゆ」と、粽が主流でした。

お酒に浸して菖蒲酒を楽しみ、菖蒲湯に入って一年の健康をお祈りください。

粽のおしのぎ
黄身寿司を海老、卯の花に鳥貝、寿司飯に鯛の昆布〆、寿司飯に筍の姫皮。菖蒲をすっくと飾って。

柏餅の甘味
白小豆の餡に白味噌を練りこんで、ぎゅう皮に包みました。

武者飾り

江戸時代から幕府の式日として定着した端午の節供。男の子の無事な成長を願って鎧《よろい》・兜《かぶと》や武者人形が飾られます。

古くは、庭先に武者絵を描いた幟《のぼり》や鯉のぼりを立てたものでした。ところが、奢侈《しゃし》禁止令によって、目立たないように部屋の中に飾ったのが武者飾りだという説もあります。

端午の節供の伝来と共にやってきたのは、鐘馗《しょうき》。それは、唐代の玄宗皇帝の病を救った実在の人物だそうです。日本では疱瘡《ほうそう》除けや学業成就の神とあがめられていました。（56頁写真）

強く育って欲しいという願いは、おとぎ話の主人公である桃太郎や金太郎、歴史上の英雄とされる神武天皇、源義経、弁慶、加藤清正、徳川家康、武田信玄などに託されます。

神武天皇は、神話では日本初代の天皇であり、武勇の神さま。大和平定のため

に長髄彦《ながすねひこ》討伐に向かう際、金色の鳶が矢の先に止まって輝き、敵は目が眩んで退散したとか。その武運にあやかりたいという願いです。

鎧や兜も端午の節供の定番。鎧をよく見ると、胸の辺りが左右対称ではないことに気づきます。右は栴壇板《せんだんいた》で肺を守るもの。左は鳩尾《きゅうび》で心臓を守るもの。

兜のてっぺんには丸い穴が開いていますが、兜をかぶった時に頭が蒸れないようにするため、髷《まげ》をそこに通して安定させるためのものです。

二木屋の武者人形は、京都で一番の人形師・丸屋大木平蔵の大将さん飾り。略して丸平と呼ばれ、親しまれています。凛として高貴で美しい大将、たよりになりそうな家老、そしてなんともかわいいお供の脇侍です。脇侍は、一人は弓を持ち、一人は太刀を持って大将を守っています。（55頁参照）

脇侍は不細工に作るのが決まりのようですが、名匠・丸平の脇侍は、不細工でも可愛くてつい引き込まれてしまいます。

端午の料理

菖蒲《しょうぶ》と粽《ちまき》で邪気払い

菖蒲にはフラボノイド・アミノ酸が含まれ、リラクゼーション効果があります。料理の飾りとして菖蒲をあしらうことにより、その香りの効果が食事を楽しくしてくれることでしょう。

粽の由来には、古代中国の悲しい話があります。楚の国の王族、屈原は妬みから失脚し、川に身を投げて自殺してしまいます。時は五月五日。それを悼んだ人々は、命日には川に米を流して弔いますが、屈原の霊が現れてこう言います。「せっかくの米が、みんな龍に取られてしまう。龍の嫌う茅の葉で包み、五色の糸で縛ってくれ」と。

本家の中国の粽は、糯米を三角形に作り、笹の葉で巻き、藺草《いぐさ》で縛った食品。葉ごと茹でたり蒸したりし、葉を剥いて食べます。

日本には平安時代に伝わり、『倭名類《わみょうるい》聚鈔《じゅしょう》』には糯米《もちごめ》を植物の葉で包み、灰汁で煮込む製法が掲載されています。灰汁の殺菌力を期待したものでした。

江戸時代ころになると、餅を笹の葉で包んだもの、団子を笹の葉で包んだもの、つまり主食とお菓子が登場しました。現在の、羊羹や麩饅頭を笹で包んだものは、発展系と考えられます。

さて、五色の糸。中国の五行説では、青—木—春、赤—火—夏、黄—土—人、白—金—秋、黒—水—冬、と、森羅万象を五つにまとめています。青春は人生の春。玄人《くろうと》は黒で、技術を極めた人。朱夏、白秋などという言葉も五行説から発生したものです。

鯉のぼりの五色の吹き流し、七夕の五色の短冊など、節供の行事には五色が使われています。その彩りを再現しながら献立を考えると、目にも身にも充実したお料理になるでしょう。

右＝きっと子供たちはこんなふうに藁頭巾に菖蒲の葉を指して遊んだのではないでしょうか。
左頁右＝黒岩卓実さんの組皿。同じ器の料理を食べる共食を表現しました。粽には海老寿司、柏餅には餅の中に雲丹《うに》を包みました。
左頁上＝野菜で作った五色の吹き流しと、小魚を鯉のぼりに見立てました。お子さま用の端午の料理です。
左頁下＝烏帽子《えぼし》の蓋物に前菜を。菖蒲をそえて尚武を祝いました。

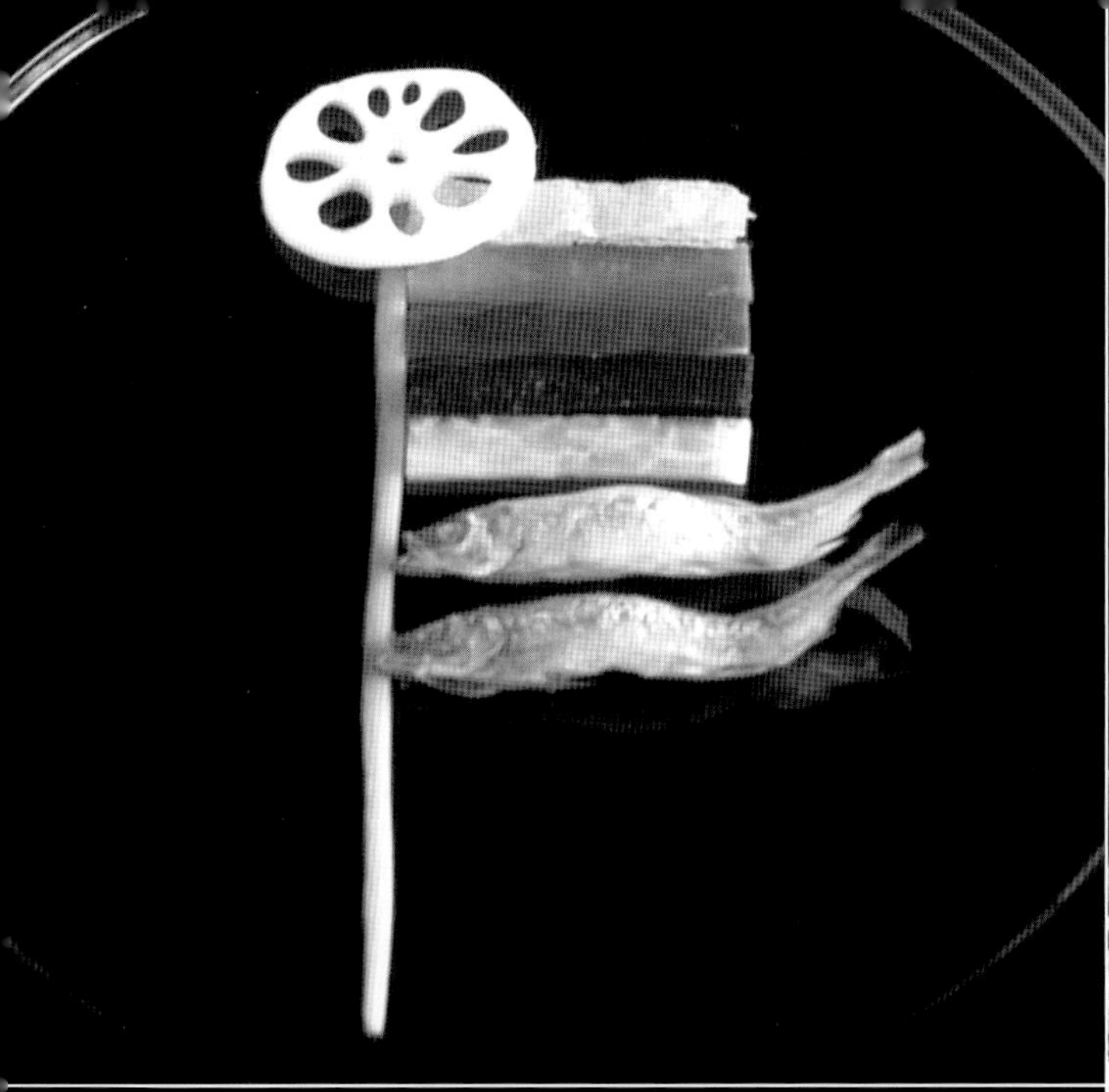

幟《のぼり》

武家では、幟を立てて男の子の成長を祝いました。幟は合戦の旗印だったからです。

町人はというと武家の幟では恐れ多いと、鯉のぼりで祝いました。鯉を音読みし、「リ」は「利」に通じるという願いでもありました。

六月 梅雨《つゆ》

六月は水無月《みなづき》。雨が降って水がいっぱいなのに水が無い月。それは、天上の水がみんな地上に雨となって降り、天上では水が無くなってしまう月という意味です。

中国では黴《かび》の生える「黴雨《ばいう》」と書きましたが、黴の月ではいかにも情緒がないので、日本では「梅雨」と記すようになりました。この頃はまた、梅の実が熟す時期でもあるので、梅の字が当てられたという説が有力です。日本の健康食品。

正月、節分、雛祭り、花祭り、端午の節供と忙しかった室礼も、六月は雨を楽しみながら静かに過ぎてゆきます。

嘉《か》祥《しょう》菓子

六月十六日

旧暦の六月十六日には、「嘉祥」という行事がありました。嘉祥年間（八四八～八五一）に発祥し、神さまに十六個の柏餅を供えて厄除けと福寄せを祈願したのが起源です。江戸時代には幕府の年中行事となり、江戸城の大広間に二万個の菓子を並べ、将軍からお菓子が振る舞われました。

この日は店でも、たくさんの甘味をこしらえて、お客さまをお迎えしています。

器は天《む》空《くう》公《こう》作

雨と親しみながら

水無月《みなづき》は、雨を眺めながら穏やかに

「つれづれの　ながめにまさる涙川　袖のみひぢて　逢うよしもなし」。在原業平《ありはらのなりひら》をモデルにした『伊勢物語』の中の歌。あなたを思って、梅雨の長雨よりたくさんの涙を流しています。袖ばかりが濡れて、あなたに逢うこともできません。

「五月雨《さみだれ》を　集めて早し　最上川」。松尾芭蕉は『奥の細道』でこう詠んでいます。

旧暦五月の雨は、今で言う梅雨。旧暦では五月に当たるので、五月雨《さみだれ》とも呼ばれました。五月晴れも初夏の快晴を指すのではなく、元々は梅雨の晴れ間のこと。

中国から日本に渡ってきた梅。梅を食用にするのは中国と日本だけです。生で食べると毒性が強いので、ヨーロッパでは嫌われたのかもしれません。梅に含まれるクエン酸は、胃液の分泌を高めたり殺菌力があるので、腸内の悪玉菌を制御して善玉菌を増殖させると言われています。高温多湿の日本の夏を乗り切るには

水無月の前菜

じゅんさい、天豆に煎りゴマの目をつけた蛙、海老に黄身素麺を巻いた番傘。

八橋のお造り

八橋にかきつばた。沢蟹、おしどり、水辺の風景にお造りが冴えわたります。

最適な健康食品として、古来から珍重されてきました。

この時期、初夏の食材が店頭を賑わす時でもあります。鯵《あじ》、鮎、梭子魚《かます》、皮剥《かわはぎ》、鱚《きす》、鱸《すずき》など海の幸が旬を迎えます。野菜では、おくら、胡瓜《きゅうり》、莢豌豆《さやえんどう》、冬瓜、トマト、蕗などが出始めます。またメロンなどの果物もおいしく育つ季節。

魚や野菜にとっては嬉しい梅雨ですが、人間は高温多湿で食欲が減退する季節でもあります。そこで、さっぱりと口当たりが良く、しかも栄養価の高い料理をお召し上がりください。

どの食材をどう料理するのか、それをどの器に盛るか、あしらいは何にするか、他の器との調和はどうか。花は何にするか、花器をどうするか。室礼には何を飾るか、主役と脇役の相性はどうか……料理と室礼は、季節と物をどう調和させ、そこに風情をいかに出していくかにあります。あれこれと知恵を総動員するのが、日本料理の楽しさです。

あじさいを大根でつくる

大根の四角いキューブの四辺に切り込みを入れ、トントンとスライスするとあじさいの花びらのできあがり。蛙はズッキーニ。剥き物はお造りに驚きと楽しさを演出します。

特別寄稿　なつかしい和の味

岸朝子さん
ひいおばあちゃまのレシピを召し上がる

文＝岸朝子

「二木屋」には、当代の曾祖母が残したレシピがあります。曾祖母・小林カツ子は、明治時代に料理教室を開いて食育の普及に努めました。そのレシピを祖父が大事に保存し、今に伝えています。そのレシピ通りの料理を岸朝子さんにお召し上がりいただきました。

水道もガスもない時代、家族の喜ぶ顔がみたいと願って四季折々の素材を巧みに使いこなした料理は、「懐かしく、心温まる味」と岸さんからお褒めの詞《ことば》をいただきました。

江戸から大正時代当時の染め付けの器に盛って、和の風情をお楽しみください。

きし あさこ

食生活ジャーナリスト。『栄養と料理』の編集長を十年間務める。（株）エディターズを設立、料理、栄養に関する雑誌や書籍を多数企画、編集する。フジTV系『料理の鉄人』に審査委員として出演。的確な批評と「おいしゅうございます」の言葉が評判になる。文化功労賞、フランスの農事功労賞シュヴァリエを受賞。

明治時代の炊事はたいへんだったでしょう。

私も戦中戦後に井戸から水を汲み、かまどに薪を燃してご飯を炊いたり煮物や汁をつくりコンロの炭火で魚を焼いた経験があります。現代では考えられない手間でした。そんな暮らしの中でもひいおばあちゃまは、手間暇かけておいしい料理をつくり、新しい味も試してはメモをとってレシピとして残してくださったんですね。当時は家長である旦那さまには酒肴として、二、三品は用意されたでしょう。家長ということばも現在は耳にしませんが、私たちが育った時代は父が出かけるときや帰宅の折には子どもたちも必ず玄関で送り迎えをしたものです。家長あっての家族でしたから。

ひいおばあちゃまは家事をこなし、当時、缶詰メーカーだった二木屋の缶詰の味付けを担当して仕事を支えるほか、料理の講習会を開いて料理の普及活動もさなっておられました。缶詰を使った料理もあったでしょうが、その土地でとれた食材を生かした料理も多かったと思われます。最近、さかんに言われている地産地消、スローフードの走りでしょう。素敵な明治の女性ですね。

「日本に還ろう」。

二木屋さんで取材をした感想です。明治から伝わる料理はごぼう、こんにゃく、ひじき、糸寒天、切り干し大根など現代の日本人に不足しがちな食物繊維がたっぷりですし、豆腐やごまなどで味つけに変化を持たせて飽きさせません。しょうゆ、酢、みりん、みそと発酵調味料は日本が誇るもので、欧米でも関心が持たれて和食と共に世界に拡がっていく傾向にあります。

動物性脂肪のとりすぎが肥満をはじめ生活習慣病を招くということで、健康食として日本の料理に関心が持たれているのです。懐かしい日本家屋の中で季節の歳時に囲まれていただくお食事は懐かしい味、新しい味、それに和牛のお肉も加わってからだに優しく心に響き、

たいへんおいしゅうございました。

ひいおばあちゃまのこと

レシピをしまっていた古い封筒には、祖父の字で「カツ子　母よりの遺産」と大きく書かれています。メモ帳には曾祖母の字で【大正六年記憶】の文字も。祖父はこのレシピを家宝として大事に大事にしていました。

明治から大正にかけて。
ひいおばあちゃまのレシピ。

なつかしい明治の味を岸朝子さんが食す。

白磁輪花小皿（明治）こんにゃくの酢みそかけ

タコ唐草文小皿（明治）牛肉とごぼうのきんぴら

扇面文向附（明治）ほうれん草のごま和え

芙蓉手小皿（明治）あさりの海苔巻き

ザクロ文角切皿（明治）新ごぼうの利休漬

芙蓉手向附（明治）卯の花酢炊き

瓔珞文茶碗（江戸後期）白和え

雪環手茶碗（江戸後期）ごま白和え

立ち上がり文舟遊皿（明治）ふきの田舎煮

窓枠文湯呑み（明治）酢びたし

山水文菱型皿（明治）でべら

ひいおばあちゃまのレシピ

牛肉とごぼうのきんぴら

牛肉とごぼうは相性のよい味のとり合わせ。細切りにした牛肉を油で炒めて、きんぴらごぼうと合わせた一品は実山椒のぴりっとした辛味にごま油の香りが風味を添えて、酒肴にもお弁当のおかずにもおすすめ。文明開化の明治時代にやっと口にすることが許された牛肉を伝統のお総菜に取り入れたのは、素晴らしいアイディアです。

あさりの海苔巻き

砂糖、みりん、しょうゆでやや甘めに煮たかんぴょうとしいたけに酒蒸ししたあさり、しゃりしゃりした酢れんこん、錦糸卵をまぜたすし飯の海苔巻きは、まさしくおふくろの味。美しい彩りとさまざまな味と歯ざわりが味わえる家伝の逸品は、雛祭りや遠足のお弁当に再三つくられたのでしょう。

こんにゃくの酢みそかけ

固めに仕上げたさしみこんにゃくは広島の名物になっています。その広島こんにゃくを薄切りにし皿に盛り、ゆでた九条ねぎを添えて酢みそをかけた精進さしみといえる一皿。白みそと田舎みそのあわせみその加減がまことに結構で低カロリー、ノーファットのヘルシーな一品。

ほうれん草のごま和え

その昔、漫画で人気ナンバーワンだったポパイ。負けそうになるとほうれんそうをバリバリ食べて筋肉もりもり、相手を打ち負かすお話しでした。野菜嫌いの子どもたちもこれでほうれん草を食べるようになったとか。香ばしく炒った黒ごまの香りとしょうゆ、砂糖で品よく味つけした一鉢はビタミン、ミネラル豊富な宝石箱。

新ごぼうの利休漬

しゃきしゃきした歯ざわりと独特な香りが懐かしい新ごぼうを、白ごまをすって調味したごま酢で和えます。ごまを使った料理には、よく利休という名がつけられています。茶道の大成者、千利休好みの料理や器といわれ、縁起をかついで休を久にしたと伝えられています。関西の正月に欠かせないたきごぼうとも似かよった一品。

卯の花酢炊き

卯の花は豆腐製造時、豆乳を搾ったあとに残るおからの別名。おからということばを嫌って「卯の花」とかぎらず「雪花菜」とも呼びます。搾り粕とはいっても食物繊維をはじめたんぱく質やビタミンなども残る栄養食品。ごぼう、しらたき、油揚げなどとおからを炒め味を調えてきゅうり、みょうがを加え酢をきかせてあっさりと仕上げます。

白和え

裏ごしをした豆腐を衣にした白和えには、いろいろの具が使われますが、これは干しぜんまいと相性がよい油揚げとこんにゃくを使ってあります。具はそれぞれかつおだしをきかせてしょうゆとみりんでしっかりと味をつけて和えるものですが、素材の味が見事に生かされているのは、料理をつくる人の愛情でしょう。

ごま白和え

しいたけ、ごぼう、にんじん、ひじきなどを薄い味つけで煮て、裏ごしした豆腐に炒った白ごまをよくすって混ぜなめらかな衣であえます。古くから精進料理に欠かせない料理で、まったりした口当たりとだしの酢がよくきいた味つけは、にんじんの紅、しいたけとひじきの黒と彩りも美しく、手抜きが出来ない料理の代表でしょう。

ふきの田舎煮

雪どけの黒土からぽちっと頭をのぞかせるふきのとうは春の使者。あっという間に育ったふきは、大地の香りがむんむんする素材です。これをごま油とサラダ油で炒めて酒とだしで炊いてからみりんと薄口しょうゆで調味する田舎煮は、素朴なお袋の味。昔懐かしいかつお削り器で削った、削りたての香りが味わいを深くします。

酢びたし

切り干し大根にれんこん、くらげと糸寒天、奇抜なとり合わせの材料を酢、サラダ油、みりん、塩、こしょうのドレッシングで和える和洋折衷の料理です。切り干し大根はいきなり甘酢に漬け込み、切りくらげは塩抜きして甘酢に漬け込み、それぞれの歯ざわりをいかした火を使わずに仕上げるテクニックには驚きました。

でべら（尾道出身祖父・小林英三氏好物）

尾道の名産、でひらがれいのこと。ヒラメ科のがんぞうびらめと呼ぶ小型のひらめの素干しで、えらから紐を通してからからにかんそうさせます。二十四、三十四もすだれのようにずらりと並んで風にゆられている様子は見事、金づちでたたいてから焙ると骨離れがよくなります。そのまま、またはみりんしょうゆなどで調味しても美味。

特別寄稿　なつかしい和の暮らし

岸田今日子さん
気になるものたちへの言葉

秋も深まり、庭のざくろが色づくころ、
岸田今日子さんをお迎えしました。
霧雨に大島の和服がしっとりと映える宵。
岸田さんは、
なつかしい家に飾られた気になるものを見つけられては、
和の家と調度たちにすてきな言葉をくださいました。

（ご逝去直前にいただいた原稿でした）

きしだ きょうこ

芥川比呂志等と共に演劇集団「円」の設立に加わる。舞台・映画・TVと幅広い活躍を続け、大役、難役をこなした個性派女優。ハスキーな声と演技力は人々を魅了した。また、テレビのナレーションやアニメ・ムーミンの声優としても知られている。二〇〇六年永眠。

古《こ》陶《とう》香《へん》合《ごう》

「かけら」というものが好きだ。その言葉も好きだ。「かけら」と言われる前はどんな形をしていたのだろうと思う。はじめから「かけら」だったものなんかない。

でも、このかけらたちはどうして皆、こんなにきれいなのだろう。「かけら」になる前は、たぶん立派な作品だったに違いない。又、作品になってここに集まっている。

そして、それぞれの物語をささやき合っている。

経《きょう》木《ぎ》手《で》備前の茶碗

おうすが入って、その色と香りを楽しんだ後で、いただく前にまずお椀をぱりっとかじってみたくなるような薄手のお茶碗。

その歯ざわりは、たしかに記憶に残っているのだ。カワラせんべいでもなく、幼い日に食べたあめざいくでもなく。ニッキかジンジャーか。

「やっぱりお茶碗は、いただかない方がいいんでしょうね」。ご主人は冗談にしたいらしくて、アッハッハと笑うだけだ。

三春張り子　五人囃子

「違い棚」というのは、優しさと意外性があって楽しい。そこに張子の小さな五人囃子がいたりすれば、なお楽しい。

わたしは自分が何の楽器も使えないものだから、たとえ人形でも楽器を扱っていると感動してしまう。この笛童子は、小さな口元に笛を当てて、どんな音を聞かせてくれようというのか。夜おそく、一人でこの部屋に入って来たら、きっと聞くことが出来るだろう。

小さな部屋

この部屋は知っている。ここに住んでいた人も知っている。というのはもちろん妄想で、「書生さん」という人が、その頃は、大家でもない物書きの家にさえいたのだった。いがぐり頭で、ごつい体付きの、衿なしのシャツに絣の筒袖を着た書生さん。二才の姉と、生まれたばかりのわたしを抱いた父。その隣で、細い眼を見開いて緊張していた書生さん。

あの人が寝泊まりしていたのは、この広さの日本間だったに違いない。

階段

階段は、狭いほどいい。急なほどいい。そんなに狭くて急だったら、お年寄りに危ないというけれど、あの頃、二階は大体こども部屋と決まっていた。お年寄りは静かな離れで、御飯が出来ると呼びに行く。

お客さまが見えて、こどもは二階に追い上げられて、窓から見える通りを歩く人のこと、階下でお客様が話していること、あることないこと想像するのだった。

ザクロ

こんなふうに、突っかえ棒に寄りかかっているザクロを初めて見た。それでいてこんなに実がなっているなんて素晴らしい。羨ましい。わたしは実のなる樹が大好きだけれど、今はベランダのプランターに植えるしかないので、レモンもリンゴもザクロも、花は咲くけれど、めったに実がならない。ザクロは、東洋的なような西洋的なような、どっちから見てもエキゾチックな実ではないだろうか。

昔の庭にあったザクロはどうなったか。

岸朝子さんが召し上がった昔の味
岸田今日子さんが佇んだ昔の家
祖父・小林英三の思い

今は料理屋になってお客さまをお迎えしているこの家。これは祖父である小林英三の住宅として国の有形文化財として登録されています。

政治家だった祖父の家はとても大きく、岸田今日子さんのエッセーにある「小さな部屋」には書生さんが住み、急な階段の二階には祖父の書斎がありました。向田邦子さんの昭和の世界が広がっていたのです。

曾祖母の小林カツ子は、料理研究家でした。この懐かしい味を息子である祖父はこよなく愛し、祖父の著書『がき大将』の「母の料理」の項にはこんな文章があります。「母は若い時から料理に非常な興味を持ち、日頃から熱心に研究を続け、沢山な家庭料理の献立を発表したのであるが、母の料理のどの一つをとってみても、実用的で内容に充ちた立派な家庭料理であった。〈中略〉母が逝って、形見分けの時、私は母の残した料理の記録だけを希望した。そして機会を得て母が残したこの思い出を一冊にまとめたいと思いつつ、多忙のため早くも二十五年の歳月が流れてしまった」(昭和三十三年著)

それを今、岸朝子さんがやさしく紐解いて紙面で紹介してくださいました。思い立ってから実に七十年以上の歳月が流れ、祖父の想いが実現しました。

がき大将と小林英三

祖父小林英三は、明治二十五年尾道に生まれました。苦労の末、政治家となり、昭和三十年の保守大合同で自由民主党となった最初の内閣では、厚生大臣を拝命しました。著書『がき大将』には、小さい頃に一五〇人の子供を組織して千光寺山を舞台に戦争ごっこをして遊んだ思い出や、日々所感が綴られています。本の挿画は清水崑さんによるものです。

七月

七夕の節供《たなばたのせっく》

古代中国のこと。牛飼いの牽牛《けんぎゅう》と機織りの織女は恋人同士で、恋に浮かれて毎日遊び暮らしていました。それを知った天の神さまの怒りに触れ、二人は天の河を挟んで対岸に引き離されてしまいます。

　そして、一年に一度だけ鵲《かささぎ》を並べた橋が現れ、天の河を渡って逢うことを許されたとか。獅子座の牽牛星と琴座の織女星が白鳥座の仲立ちで逢うというのが、中国の星祭り伝説のストーリーです。

　織女のように機織り・芸能技術の上達を願う日。江戸時代までは、伝統的な乞巧奠《きっこうでん》星の座飾りを供えて二星の安全な逢瀬を祈りました。

棚《たな》機《ばた》 七《しち》夕《せき》 乞《きっ》巧《こう》奠《でん》

大河のように横たわる天の河に願いを籠めて

古来の日本でタナバタと言えば、棚構えのある機械、つまり布を織る織機のこと。汚れを知らぬ機織りの女性・棚機津《たなばたつ》女《め》は、村の災厄を除くために機屋に籠って天から降りてくる神さまと一夜を過ごすそうです。それは、祖先の魂を家に迎える盆に先立って、神さまに村人たちの一年の汚れを持って帰っていただくためでした。

上代の日本では、七夕を音読みしてシチセキと呼んでいましたが、棚機津女の行事と結びつき、タナバタと読まれるようになりました。また、二つの星の祭りですから、二星と書いて「タナバタ」と読むこともあったようです。

七月七日の祭りを、中国では乞巧奠と呼びます。乞うは願う。奠は酒壷を捧げる意味の文字で、祭ること。織女が機織りに巧みなことから、機織り、裁縫、琴などの上達を願います。

奈良時代には日本でも乞巧奠と呼ばれるようになり、宮中の節会として取り入れられました。『源氏物語』や『太平記』にも登場しています。

七夕のお供（前頁）
瓜、茄子、桃、梨、空の杯、ささげ、らんかず（空豆の素揚げ）、蒸し鮑、鯛。

短冊かざり（右頁）
お客さまの願い、家族の願いを短冊に書いて二星に聞き届けていただきましょう。

紙子三題（左頁）
上から山梨、長野、京都。意匠を凝らし七夕さまに裁縫や芸能の上達を願います。

宮中においては、七月七日は重要な節目であり、相撲や詠歌などが催されました。特に女性たちは、二星の願いが叶えられる日にあやかろうと、瓜や花を供え、竿の先に五色の糸を懸けて恋愛成就を願ったそうです。二星が舟で天の河を渡るという説もあるところから、舟の舵は梶に通ずるということで、梶の葉に願いを書いて捧げました。

夏の夜空に無数の星を散りばめて、大河のように横たわる天の河。それは、私たちの住む地球が所属する銀河系を横から眺めた姿です。古代の人々はそんなことは思いもよらず、天に流れる川として眺めていました。古代エジプトでは「天のナイル川」、バビロニアでは「天上のユーフラテス川」、インドでは「空のガンジス川」、そして中国では揚子江に注ぐ漢水という川が天に昇ったものとして「銀漢」と呼ばれていました。世界中が、身近な大河が天に昇ったと信じていたのです。

夏の朝、芋の葉に降りる露は、天の河からこぼれ落ちた雫《しずく》。それで墨を擦り、短冊に願いを書くと天まで届けられると信じていました。夜更けて下りる露は、彦星が愛しい織姫に逢うために舟で天の河を渡る櫂《かい》の雫とか。

また七夕は、日本では羽衣伝説と結びついています。泉で水浴びをしている天女に一目惚れした男が羽衣を隠して天女と結ばれます。何年かして天に帰る天女を男は追いかけますが、天の河に阻まれてしまいました。そこで、川の水が無くなれば渡れると思い、来る日も、来る日も、天の河の水を汲み続けていますが、いまだに滔々と水をたたえています。

当家の先代・小林一郎は、大正七年七月七日生まれ。平成七年の七月七日に七十七歳の喜寿を迎え、たいそう七に縁の深い人でした。そこで、七夕飾りも七にこだわり、七七七本の蝋燭で天の河を作ります。（82頁参照）まず、並べるのが大変。そして灯を点けるのも一仕事。風が吹くと消える灯を点け直すのも手がかかります。でも、七夕が商店街のイベントになってしまった昨今だからこそ、これも文化の伝承と思って続けています。

天の河

七月七日、奇数が重なるお目出度い数字にもう一つ加えて、七七七本のキャンドルを天の河に見立てます。右頁中央の丈の高い燭台の青い光は彦星、赤い光は織女。五日、六日と毎日少しずつ近づけ、七日には結ばれます。

二《たな》星《ばた》の料理

天の河を渡る舟の櫂にちなんで
梶の葉をあしらって
二星にみたてたお料理を装います。

糸掛け

紡いだ糸を巻き付けておくのが糸掛け。さまざまな色の糸を掛けて機織機にセットし、綾錦を織り上げます。機織りが巧みな織女は、糸掛けを縦横に使いこなして鮮やかな布を織り上げたそうです。

糸掛けを高杯に見立てて鰻の煮こごりを装いました。煮こごりは常温で固まる魚のタンパク質を利用した日本独特のお料理。ヨーロッパの動物性タンパク質を固まらせたゼリー寄せとは違って、健康的な一品。透きとおった煮こごりは涼しげで食欲をそそってくれますね。鰻もまた、夏バテを防ぐ日本の知恵のかたまりです。

器は、金沢の大聖寺《だいしょうじ》伊万里。

素麺

七夕の食べ物としてまず挙げられるのは素麺。平安時代から食べられていました。素麺の元は、索餅《さくべい》という奈良時代に中国から伝わったお菓子という説が有力。小麦粉や米粉に塩を混ぜて練り、縄のようにねじ上げたもの。「むぎなわ」とも呼ばれていました。

なぜ七夕に素麺を食べるかは、中国の故事によります。ある王子が七月七日に亡くなり、鬼神となった霊は伝染病を蔓延させたのです。人々はその霊を慰めるために生前に好んでいた索餅を供えたということでした。

この索餅が素麺であり、以来、七月七日には素麺を食べるようになったと『日本書紀』は伝えています。

水菓子

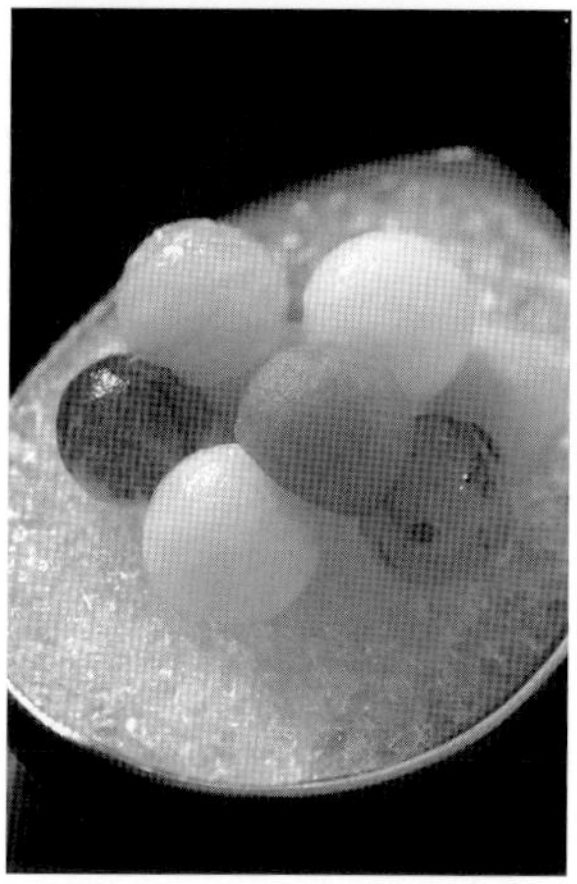

日本のお菓子は、遣唐使が持って帰ってきた唐菓子が源流です。それ以前のお菓子と言えば、桃、栗などの果物や木の実でした。果物を「菓子」と呼んでいたのを、唐菓子と区別するために「水菓子」と呼んだわけです。

水菓子を料理屋で出すようになったのは、戦後のこと。フランス料理でデザートが供されるので、日本料理にもデザートが欲しくなったのでしょう。フランス料理は、ご飯のような炭水化物が少ないので、満腹感を得るために甘いケーキが必要ですが、ご飯を最後に食べる会席では果物が最適。ビタミンをたっぷり摂って、織姫のように美しくお過ごしください。

七夕の前菜

飾りの笹は、大根に差して立て、海苔で包みました。

笹飾りは、出来るだけ小さくこしらえるのがコツです。小さな小さな折り紙はつま楊枝で折りました。

七夕は楽器などの習い事が上達する願いがあり、器も琵琶や横笛の形のものを使いました。夏らしくガラスの器も欠かせません。切子の下に敷いてあるのが七夕の象徴、梶の葉です。

八月

夏祭り《なつまつり》

残暑が厳しい季節。夏祭りは、汗と喧噪の中で繰り広げられます。

正月は新しい年を祝って一年の五穀豊穣を願う祭り。春はこれから始まる農業の収穫を願う祭り。秋は収穫に感謝する祭り。日本の祭りは農業に関係深い行事ですが、夏祭りだけは別。盆が夏祭りと習合したものと、疫病、害虫、風水害から逃れることを目的としたものがあります。

夏祭りで有名なのは、東北三大祭り。仙台の七夕、秋田の竿燈《かんとう》、青森のねぶた。どれも光を取り入れています。字象字画という独自の境地を開く書家の幸義明さんの行灯《あんどん》、勇壮な不動明王は夏祭りを彷彿させます。

汗と喧《けん》噪《そう》の夏祭り

京都祇園、仙台七夕、青森ねぶた、秋田竿燈

夏祭りといえば、八坂神社の祇園祭り。素戔嗚尊《すさのおのみこと》など三柱をお祀りし、全国に分社が広がっています。全国の八坂神社の境内には牛頭《ごず》天王がありますが、それは天竺の祇園精舎の守護神であり、日本では素戔嗚尊とされているからです。

貞観《じょうかん》十一年（八六九）に疫病が流行した折、祇園牛頭天王のたたりであると人々は考え、神輿《みこし》を担いで災厄の除去を願ったことに始まります。八坂神社にお祀りされている牛頭天王はあばた顔に描かれていますが、それは疫病の中でも最も恐れられた疱瘡《ほうそう》封じを願ったからでした。

祇園祭のクライマックスは、山鉾《やまぼこ》巡行。三十二基の絢爛豪華な山鉾が、京都の町を練り歩きます。そして、それぞれが独自の粽《ちまき》を作り、「蘇民将来之子孫也《そみんしょうらいのしそんなり》」と書かれた護符が付けられます。

私は、夏の室礼にその三十二の粽が欲しいと考えました。入手の方法を聞いたところ、宵山のみが全粽を入手できるとか。そこで、店の者を行かせ、レンタサイクルを借り、三十二カ所を回ろうとしたら、さあ大変。人垣で自転車が通れず、回り道をしたり、押して歩いたり、やっとの思いで全種類のちまきが揃いました。

祇園祭のキーワード、「蘇民将来之子孫也」は以下の物語に基づいています。素戔嗚尊が旅をされた時、一夜の宿を提供し、粟で作った食事で手厚くもてなした人がいました。それを喜んだ素戔嗚尊は、疫病流行の際、「蘇民将来之子孫也」

と書いた護符を持てば必ず難から逃れられると約束します。以来、一般の人たちもこの護符さえあれば素戔嗚尊の子孫かと思って疫病は退散すると信じました。

また、青森のねぶたも有名。ねぶたは、日本海側や東北地方で行われる夏祭りで、各地で行われていますが、青森のねぶたはその規模と観光客の数で群を抜いています。後に征夷大将軍となる坂上田村麻呂が陸奥に出征した時、敵を油断させるために大きな人形を作り、笛や太鼓ではやし立てたことが起源だとされていますが、信憑性は不明です。

ねぶたとは睡魔のこと。「ねぶた流れろ、まめの葉は留まれ」とねぶた流しで謳われるように、収穫の秋に備えて睡魔を払い、勤勉に働くようにという願いがあったもののようです。

東北の三大夏祭りと言われるのは、仙台の七夕、青森のねぶた、そして秋田の竿燈。竿燈祭りも起源は「ねぶり流し」と呼ばれます。旧暦の季節感で八月に行われる東北の三大夏祭りは、もともとは陰暦の七月七日に行われる祭りであり、五穀豊穣と盆を迎える禊《みそぎ》の行事が合体したものと考えられます。

日本の夏祭り

上段右＝京都の祇園祭りの粽。三十二基の粽が勢揃いします。中央＝右から、青森のねぶた、秋田の竿灯、新潟の金魚ねぶた。左＝祇園祭りのクライマックスは山鉾巡行。扇子はこの日の暑さを払う粋なグッズです。下＝なつかしいタライ型の金魚鉢。

涼を呼ぶ

真夏には涼を呼ぶ氷柱を飾ります。

三十二キロの氷柱は、夜は冷凍庫に仕舞いますが、ちょうど三日間楽しめます。

一日目はダイニングの床の間に。二日目は祇園祭の三十二のちまきを背景に。三日目は、瓶の上に。瓶の中に溶けた水が落ち、耳を澄ませば水琴窟のような澄んだ音色が聞こえます。

夏の室礼

食欲をそそる涼しげな装い

「住まいは夏をもって旨とすべし」とまで言われる高温多湿の日本。暑さで夏バテし、食欲も失われる季節。しかも、ちょっと油断すると食品の腐敗が進み、健康を害しかねません。

夏こそ、素材を吟味し、保存に気を使い、料理を工夫し、食欲をそそる装いにしなければなりません。視覚にも、触覚にも味覚にも涼しく仕立てるのが夏の料理の基本です。

暑い夏だからこそ、さっぱりと美味しい夏料理が工夫されてきました。現代の生活と違って、氷がない時代からの知恵が日本料理には生きています。代表的なのは、白身魚の洗い、水貝、卵豆腐、冷や奴、みんな地下水の冷たさを利用し、見た目にも舌にも涼しげな料理です。

古代、氷は貴重な物。冬の間に氷を切り出して氷室《ひむろ》に蓄えておき、夏に使っていました。氷室とは、涼しい場所に穴を掘り、中に氷を蓄え、その上を草で覆う、天然の冷蔵庫でした。

平安時代には、六月一日は氷室の節供として朝廷に献上された氷を臣下に賜ったそうです。江戸時代には六月一日に加賀藩から将軍家に氷を献上したと伝えられます。

料理の下ごしらえにも重要。氷水に漬けると、魚も野菜も命を吹き返します。

涼を呼ぶ料理

右＝大根で朝顔をつくりました。色は赤紫蘇の汁。豚の蚊遣りにはお造り、茄子のかぶと虫、ほうずきの器には和え物と黄身寿司。夏いっぱいの前菜です。

中＝にがうりをくり抜いて海老、にがうり、黄色いズッキーニ、長芋を交互に並べ、さっぱりとした磯辺酢で召し上がっていただきます。

左＝鱸の煮こごり、炊いたトマトの冷製、小型の南瓜には卵豆腐を射込みました。にがうりと人参は蛇の目に見立てています。

㋒を食べる

㋒の日に㋒のつく食べ物を

土用とは、季節の終わりの十八日間のこと。春夏秋冬の四回ありましたが、現在は立秋の前の土用だけが残っています。季節の変わり目は邪気が忍び込みやすく、特別な物を食べて邪気を祓《はら》うという考え方がありました。

昔、丑の日に「う」の付く食品を食べると夏バテしないという民間伝承がありました。それは、うどんでもごぼうでも、何でも良かったのです。土用の丑の日に鰻を食べるという習慣が広がったのは、江戸時代から。奇人・平賀源内が鰻屋から販売促進の相談を受けた時、「本日丑の日」と書いて店先に張るようにと指導したところ、飛ぶように鰻が売れたということです。

さっぱりと、滋養豊かに

上＝鰻の生命力にあやかって、暑い夏を乗り切りましょう。おしのぎの鰻寿司。

下＝土用の丑の日に、西日本では鱧《はも》を食べる習慣があります。見た目にも涼しげな夏のお吸物です。

お盆

盆は、精霊会《しょうりょうえ》とか盂蘭盆会《うらぼんえ》とも呼ばれます。精霊とは、祖先の霊のこと。盂蘭盆とは、古代インド語で逆さに吊るされた苦しみを救うという釈迦の教えが起源だそうです。弟子の木蓮が「死んだ母が地獄に落ちて逆さ吊りの刑に苦しんでいますが、どうしたら救われるでしょうか」と釈迦に聞いたところ、七月十五日に供養するように教えられました。この先祖の御霊供養は『日本書紀』にすでに宮廷行事として行われていたという記述がみられます。

庶民の間でも、古くから祖先を祀る御霊祀りとか御霊鎮めなどのお祭りが行われていました。その土着信仰と仏教行事が合体したものが現在の盆と考えられています。

十三日の夕方、祖先の霊が迷わずにお帰りになるようにと、家々の門口で迎え火を焚きます。そして、座敷には盆棚をもうけ、仏壇の位牌を並べます。季節の野菜や果物、菓子などを供え、朝昼晩と食事と飲み物を供えます。茄子の牛、胡瓜の馬を飾るのは、祖先の霊が牛や馬に乗って帰ってくると信じられていたからでした。盆の最終日の十六日には、また門前で送り火を焚き、精霊の帰る道を明るく照らします。

神さまや仏さまを迎える時、火を焚くのは多くの地域で見られます。道を明るく照らして間違いなく我が家とあの世とを行き来してくださるようにという意味もありますが、火を清浄な物と考える思想があったからでもあります。神や仏は、清浄な火に導かれ、火に依ってこの世に降りてきてくださるのです。

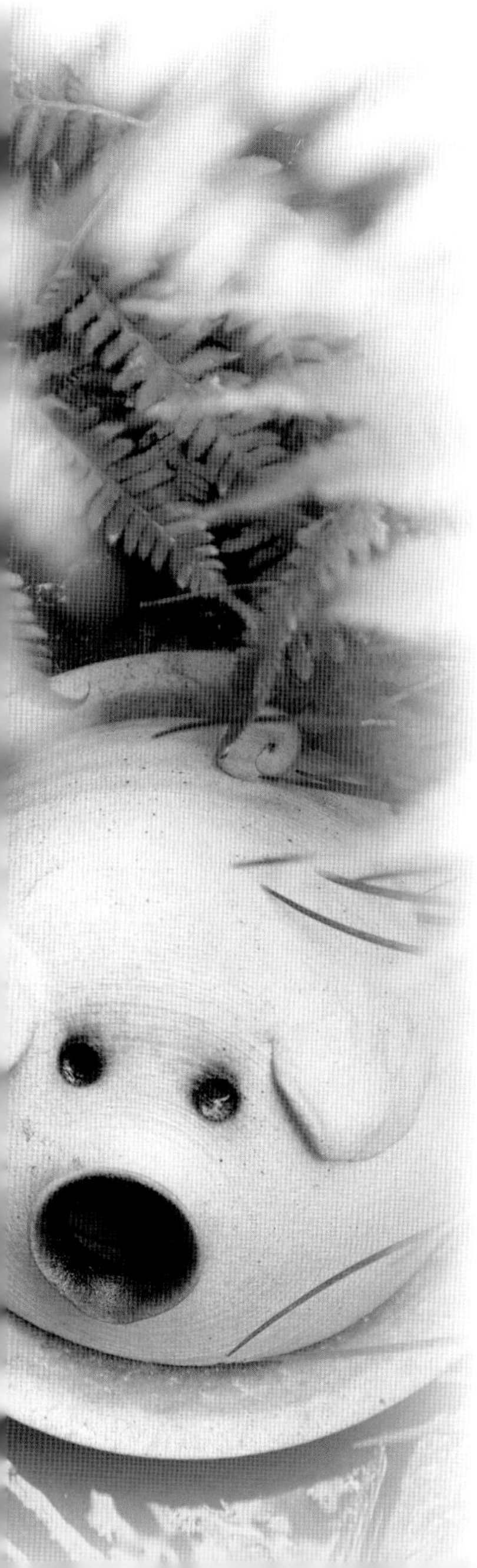

迎え火 送り火

ご先祖さまが、迷わずに我が家に帰ってていらっしゃいますようにという願いを籠めて足元を照らす明かり。二木屋では十三日の夜の迎え火には胡瓜の馬も茄子の牛も門を向き、十六日の送り火には馬も牛も玄関を向いてしつらえます。

九月

重陽《ちょうよう》の節供《のせっく》

九月九日は、陽の数字が二つ重なった重陽の節供。中国の陰陽五行思想では、奇数は陽、偶数は陰。しかも、奇数の中でも極まった九が重なった日として最も尊ばれました。

重陽の節供は平安時代には重陽節として宮中に取り入れられました。貴族たちは宴をひらいて菊酒を飲み、綿を菊に被せて露で濡れた被《きせ》綿《わた》で体を撫でて長寿を願いました。

九が二つあることにちなんで、九本ずつ、二種類の菊を活けました。屏風は、MOA美術館所蔵の「染色の図」と「型染めの図」を友禅作家・飯田耕作さんが再現したものです。

不老長寿を願った重陽

その心は敬老の日へと受け継がれます

茱萸袋《しゅゆぶくろ》

中国では、九月九日に茱萸《しゅゆ》（匂いの強い山椒《さんしょう》など）の枝を身につけて山に登り、菊酒を飲み、飲食をすると長寿になれると信じられていました。日本に伝来してから、貴族たちは茱萸を頭に挿して邪気を避けたり、宴を開いて菊酒を飲んで賑やかに長寿を願いました。

菊の香りにはカンファーという香気物質があり、現代でも虫除けに使うくらいですから、科学的にも理にかなっていたのです。桃の節供の桃酒、端午の節供の菖蒲酒、重陽の節供の菊酒……植物に宿る霊力を信じつつ、何かと言えば酒を酌み交わすのが節供の楽しみだったのでしょう。

江戸時代には五節供の一つに数えられ、中でも最も重要な節供として城中行事になりました。最も多い陽の数字に幕府よ永遠なれとの期待を寄せたのかもしれません。諸侯は、綸子《りんず》や羽二重などの布、紅白の餅、捕れ立ての鯛や干した鯛などを献上しました。おしゃれな大名が、熨《の》斗《し》の代わりに菊の花を添えたという話も伝わっています。

次第に一般の人々にも広がって行きましたが、旧暦の九月は現代の十月に当たり、ちょうど収穫期なので、収穫感謝祭の祭事と習合し、やがて吸収されてしまったのでしょう。

目出度さも極まる九の日は、神に願いと感謝をする祭りに絶好の日でもありました。九州地方で祭りのことを「くんち」と言うのは、九日が転訛されたものです。

菊玉
紅白の菊を高杯に活けた菊玉。平安時代の巻物から後世の人々が復元しました。

後の雛

「後の雛　されども十《じゅう》二《に》単《ひとえ》哉」

九月九日の重陽の節句に、雛祭りをする風習がありました。それは、「後の雛」と言われます。

一年を二分し、春の行事を秋にも催すことがしばしばあったのだそうです。それは、日本人の季節分割の思想を表すもので、対をなす年中行事に特別な意味を感じていたからでしょう。春の彼岸に対して後の彼岸、春の雛祭りに対して後の雛祭りが代表的なもの。

民間信仰では、静岡県・愛知県などでは、重陽の節句に流し雛をする習慣があったと伝えられます。春と秋に禊をして災厄を流し、女の子の幸せを祈った行事だったと考えられます。

そんな古い風習に、後の雛が融合したのでしょうか。三月三日が過ぎるとそそくさとしまい込んだ雛人形が、九月にも登場。それは、空気が乾燥しているこの時期、虫干しも兼ねていました。

ただ、三月三日の雛祭りのようにすべての雛を飾らず、お内裏《だいり》さまと三人官女くらいを飾ることが暗黙の了解になっているようです。

二木屋の古今雛のお道具に、桜を描いた一曲と、紅葉を描いた一曲の屏風があります。きっと、後の雛に飾ることを前提として、人形師がこしらえたのでしょう。その想いを伝えるために、九月にも雛を飾ります。

後の雛は今では俳句の季語で残っているくらいです。

「後の雛　されども十二単哉」（雲居《うんご》）

九月の室礼は菊と雛

右＝お雛さまの虫干しを兼ねて、湿度の低い九月に雛を飾ります。
左＝菊の意匠は、絵や着物の柄、もちろん食器などにたくさんつかわれています。また、九月は菊の皿尽くしで、「尽くす心」を表現します。

被《きせ》綿《わた》

菊の花に真綿を被《き》せて、その露と香りで体を拭います

菊の節供の前夜、庭に咲く菊の花に真綿を被せ、菊の露と香りをしみ込ませて移し、翌日にはその真綿で体を拭って不老長寿を願いました。菊は特別な霊力を持った植物と考えられていたので、その霊力が真綿に移し取られる、人を守ると信じていたのです。

『枕草子』には、「九月九日は暁方より雨すこし降りて、菊の露こちたく、覆いたる綿などもいたく濡れ」と書かれています。雨が降ってずぶずぶに濡れた被綿であっても、濡れれば濡れるほど効果があったと考えられていたのでしょう。

被綿は、赤い菊には白色の、白い菊には黄色の、黄色い菊には赤色の綿を被せるのが決まりでした。

京都御所には、英照皇太后（孝明天皇の女御）の遺品として被綿が保管されているとか。嘉永二年（一八四九）の重陽の節供の折、孝明天皇から拝領したものだそうです。それらは、直径三センチと二センチほど。当時の菊は、本当に小さなものだったのですね。

十五夜 十三夜

十五夜と十三夜、両方観賞するのが決まりです

月の満ち欠けで日にちを数えていた江戸時代の人々は、月を見ただけで今日が何日か判断できました。一日は細い、新月が誕生。十五日かけて満月になり、次第に欠けて三十日には籠ってしまいます。三十日は月が籠るから「つごもり」。一年の最後の三十日は「おおつごもり」。

旧暦の八月、秋の真ん中の満月が仲秋の名月です。そして、旧暦の九月十三日が十三夜。十五夜と十三夜は両方鑑賞しなければなりません。片方だけでは、片月見とか片見月とか言われ、縁起が悪いとされています。そして、十五夜は里芋が供えられるので芋名月。十三夜は供え物から栗名月、豆名月と呼ばれます。

江戸時代の虫籠

重陽の料理

尽くす――というあしらいで

不老長寿を願う重陽の節供。古来から菊酒を飲んで長寿を願いました。
菊酒は、今では菊の花びらを杯に散らして冷酒を注いで飲みますが、生の菊の花では香りが強すぎ。本来は蒸した菊の花弁を使います。蒸した菊を器に入れて冷酒を注ぎ、一晩置いて香りを馴染ませて飲んだものでした。
ほとんどの菊の花が食べられますが、現在食用にされている菊の代表は、二種。青森の黄色い菊・阿房宮と、山形の紫色の菊・もってのほか。
菊料理は、蒸して乾燥した花弁を使います。それは保存が利くという利点と、

菊尽くし
上＝柚子を菊花に見立てた菊釜。早生の青い柚子にいくらの赤が映え、秋の味覚のしめじが季節感を醸します。
下＝蕪に甘味が増す九月は、菊蕪蒸し。蕪に筋目を入れて、菊をあらわしました。中には海老しんじょうを射込んで。器は京焼の加藤雲泉さん。

生のままでは香りが強すぎて他の素材となじまないという理由からです。また、紫色や白は、蒸したり干したりするうちに変色しがちなので、生を茹でたり蒸したりして膾《なます》やお椀などに使います。

それよりも、九月の室礼は菊尽くし。〝尽くす〞気持で料理にも菊を使い周辺も思い切り菊で飾ります。

菊の生花、菊の屏風、菊模様の食器、南瓜《かぼちゃ》の剥き物で作った大輪の菊の器……菊を食べずして不老長寿にあやかろうというわけです。

「六日の菖蒲《あやめ》　十日の菊」という譬《たと》えがあります。九月九日に愛でる菊は、十日になったら価値がなくなる、つまり時期を失したという意味。それはそれとして、せっかくの菊月なのですから、九月の一ヵ月は菊づくしで楽しみたいと考えています。

しかし、菊の生花は新暦の九月にはまだ早く、大輪の花はなかなか手に入りません。自然にさからわず、入手できる菊を、工夫しながら飾るのも室礼の楽しみではありますが。

菊月の料理

上＝お造りの菊花盛り。小ぶりのぼっちゃん南瓜を菊花に剥いて、お造りを装いました。南瓜の黄色を菊の色に生かしています。器も秋草の意匠で。

下＝鱧のお吸い物に走りのまつたけをたっぷり乗せて。菊の花びらもたっぷり添えて。お椀も菊尽くしです。

器の温度

隠崎隆一氏の備前に、牛のにぎり、ビーフシチュー、ステーキを盛りました。力のある焼き締めの器は、洋食和食を問わず、暖かく包み込む包容力があります。

かくれざき りゅういち

陶芸家。岡山県瀬戸内市在住。グラフィックデザイナーを手掛け、帰省途中で備前に立ち寄り、窯焚きを手伝ったことから陶芸の道に入る。焼き締め技術と感性で、平成陶芸界のカリスマと呼ばれる。

一月、三月、五月、七月、九月
五節供をしつらえる

数奇者
佐藤禎三

もう何年前になりますか。小生の原画で「今利艸紙《いまりそうし》」というシリーズの小猪口《こちょこ》を二木屋さんで使っておられました。偶然にもそんな折、淡交社より出版の愚著『雪花風月』を見られ、その室礼に興味を持たれ、淡交社を通じてのお付き合いが始まりました。

以前より、二木屋流の室礼をしておられるその節々に伺い、ああだ、こうだ、とお節介をしておりましたが、最近はその技量も上達されたようにお見受けいたしております。

さて、室礼のことです。

日本には四季があります。曹洞宗開祖道元禅師の歌。

春は花　夏ほととぎす
秋は月　冬雪さえて涼しかりけり

至極当たり前のことで、季節が変わる自然を素直に詠ったに過ぎませんが、伝統的な日本人の自然観が表れていることが推し量れます。そういうことを踏まえて室礼をいたします。

古来、奇数月を貴いと考え、その節目節目に区切りをつけたのが五節供です。

正月七日の人日《じんじつ》は常磐木の松、春の七草、蓬莱山の飾り。あら玉の年の初めは縁起物で室礼をします。

あくれば節分。福は内、鬼は外、悪鬼退散の追儺《ついな》の行事。

立春過ぎると弥生三月桃花節。二木屋さんの雛祭りは毎年盛況で大きい享保雛《きょうほびな》や古今雛《こきんびな》、大小さまざまな雛の共演です。雛もただ並べるだけでなく整然と、華やぎのある室礼にしたいものです。

関西では修二会《しゅにえ》、すなわちお水取りが過ぎれば百花繚乱、花見の相談です。

花の盛りも過ぎると薫風大空に翻る鯉幟、男の子の節供です。粽《ちまき》、菖蒲《しょうぶ》で凛とした室礼にします。尚武で悪鬼祓い。

あくれば水無月、夏越《なごし》の祓い、茅の輪くぐる晦日の行事。

あくれば七夕乞巧奠《たなばたきっこうでん》。古式に則り、古来庭に手向けるものを室内床に飾ります。瓜、茄子、桃、梨、空の杯、ささげ、らんかず

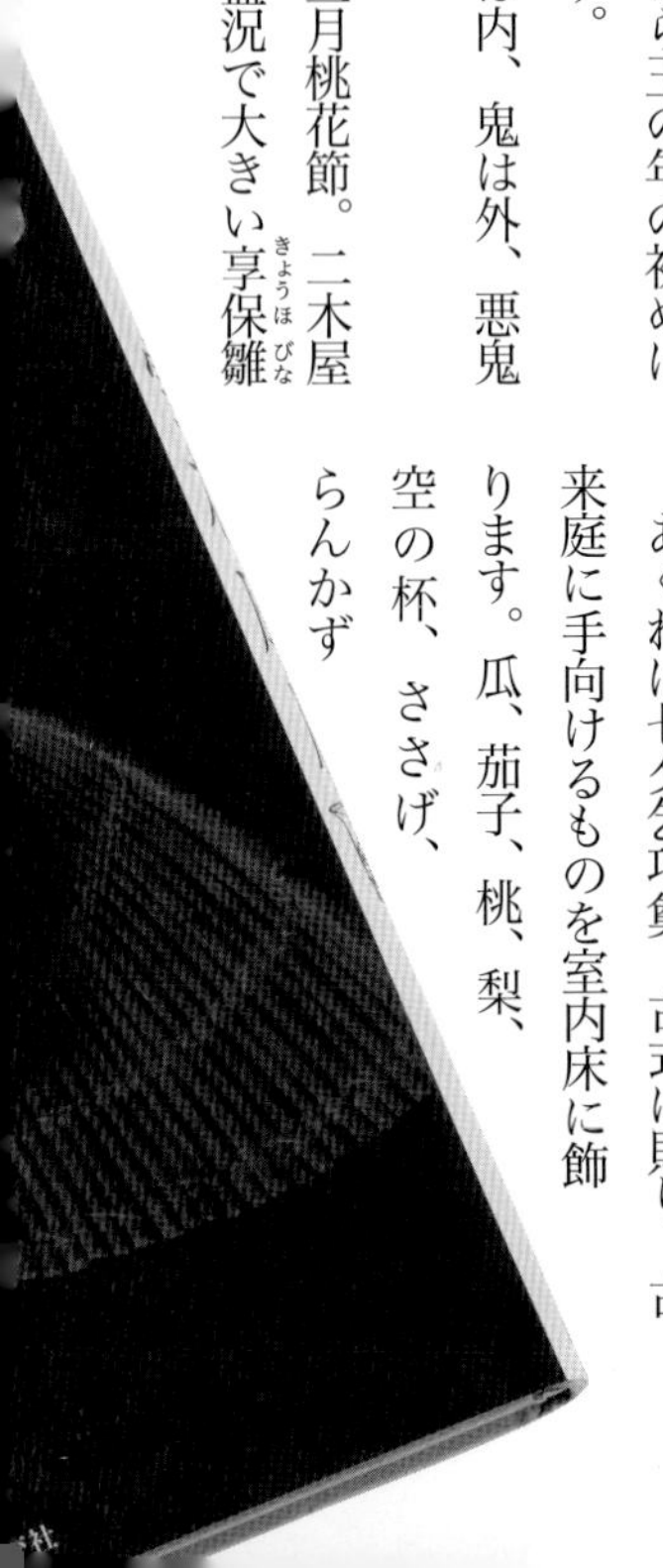

(空豆の素揚げ)、蒸し鮑《あわび》、鯛をそれぞれの器に盛って二星に手向け、九本の燈明に琴や琵琶、五色の布、梶の葉を盥《たらい》に浮かべ、織姫、彦星の逢瀬を願いの糸に託します。(79頁参照)笹の葉さらさら軒端にゆれる七夕流しの竹の青さが涼を呼ぶ暑気払い。室礼も涼一味、隅から隅まで涼一味にいたします。

やがて猛暑が去ると菊花薫る重陽《ちょうよう》の節句です。菊花に着せ綿をして雛を出します。これは昔、関西地方にあった風習で、秋草と共に雛を飾るのも風情のあることです。

籬《まがき》の菊も咲き競う頃には名月、後の月見と続きます。この室礼には薄《すすき》をはじめ秋の七草は欠かせません。

月も沈むと木の葉が紅葉し、野趣あふれる唐錦の趣向で室礼をします。

師走月、冬至、クリスマス、お正月さまを飾って除夜の鐘を聴き、一年を締めくくります。

室礼時にはまず主題。

テーマを何にするかを決め、それから道具立てを考えます。普段からすべてのことに注意を払い、蒐集しておく必要があります。また、花に代表される自然と物が調和するように趣を整えて風情を添えることです。

一《いち》期《ご》一《いち》会《え》。

そのひと時を大事に食することも馳走ですが、室礼もまた馳走だと思います。

佐藤禎三著『雪花風月』(淡交社)
この著書に感激して筆者の室礼が始まりました。

さとう・ていぞう

数寄者。学生時代より茶道、華道、詩吟に親しみ、後に骨董蒐集を始める。中でも蕎麦猪口《そばちょこ》コレクションが有名で、昭和五十四年(一九七九)に主立った蕎麦猪口三〇七五個を財団法人大阪日本民芸館に寄贈。現在、器の絵付けや祭事の室礼を手掛けている。

長寿の願い

菊慈童伝説

古代中国でのこと。魏《ぎ》の皇帝の命を受けて、勅使が奥山深く入ってゆきました。すると、菊の花が咲く山中で一人の少年に出会います。聞いてみると、少年は周の国から派遣されたという書き付けを持っていて、計算してみると七〇〇歳だったのです。

少年の持つ菊の葉から滴る霊水が不老長寿の秘薬だったのでしょう。その古い言い伝えが長い間、中国でも日本でも信じられていました。

「菊慈童《きくじどう》」は能の演目としても有名です。器や掛け軸などにもさかんに描かれています。

さらに、菊の意匠は絵や着物、食器などにもたくさん使われ、二木屋の室礼の小道具も、菊には事欠きません。また、蘭、梅、竹と共に四君子と呼ばれ、草木の君子と最高の名誉を与えられました。

森田曠平《もりたこうへい》「菊慈童」（部分）

長寿を願った重陽《ちょうよう》の節供。奈良時代から菊酒を飲み交わし、栗ごはんを食べて無病息災を祈ったという記述が『日本書紀』にあります。

長寿を期待した菊ですが、江戸時代になると花の部分だけが特化され、観賞用として栽培されるようになります。園芸技術が格段に進歩した時代であり、桜も菊も新種が作られました。新花を持ち寄って優劣を競う「菊合わせ」が催され、江戸の巣鴨、染井、駒込あたりは菊の名所として多くの見物客を集めたそうです。

浅草の観音堂では、明治の中頃から疫病、厄除の菊供養が行われています。菊の枝を仏前に供え、帰りには加持祈祷を受けた菊を持ち帰りました。現在でも、十月十八日に行われています。

重陽の節供はすっかり姿を消してしまいましたが、長寿を言祝《ことほ》ぐ日として、敬老の日という国民の休日に姿を変えて残りました。

十月

薪能《たきぎのう》

歴代の雛が華やかに登場する桃の節句と、庭に特設舞台を造って薪能を催すのが二木屋の二大イベントであり、最も華やかな月です。

能を演じてくださるのは、金春《こんぱる》流の「座・SQUARE」のみなさま。重要無形文化財の高橋忍《たかはししのぶ》さんと辻井《つじい》八郎《はちろう》さん、そして山井綱雄《やまいつなお》さんと井《いの》上《うえ》貴覚《たかあき》さん。シテ方四人の明日の能楽界をになうグループです。

狂言を演じてくださるのは、大蔵流。重要無形文化財の大蔵吉次郎《おおくらきちじろう》さんと教義《のりよし》さん親子。

お客さまはたった六十人。演者の衣《きぬ》ずれや息づかいまでが効果音となる、日本で一番小さな薪能です。

秋を味わう ―懐石と会席―

十月は、旧暦では十一月ですから、稲の収穫を感謝してその生命力をいただく季節でもあります。宮中では、天皇がその年に収穫された新穀《しんこく》を神々に捧げ、五穀豊穣を祈念して神と共にそれを食す新《にい》嘗祭《なめさい》が行われます。米は五穀の中でも最も位が高く、祭りには神饌として神に捧げ、そのお下がりをいただく宴を設けます。それが、直会《なおかい》。神には糯米《もちごめ》、仏には粳米《うるちまい》を捧げるという決まりもあります。

現代流に言うと、秋の感謝祭。新米を始め、芋や栗、茸などさまざまな秋の味覚が出そろいます。旬ならではの香り高い秋の味覚。秋の味覚はまた、寒い冬を乗り切るための栄養源でもあります。

ところで、懐石料理と会席料理の違いは……。懐石料理は懐に温石《おんしゃく》を抱いて腹中を暖めるという意味。禅宗の僧が、修行中に空腹を紛らわすために石を抱いていて一時しのぎにしたことにちなんでいます。お茶事の料理であり、温石代わりに粗飯を差し上げたいという亭主の謙遜を表現したもので、元々簡素な料理を指していました。最初は、料理の数も一汁一菜、一汁二菜、一汁三菜程度。料理の進め方にも食べ方にも、茶道に基づく作法があります。

一方、会席料理は文化文政（一八〇四―一八二九）の頃に本格的な料理を提供する料理屋が登場し、懐石料理の献立を基にして考案されました。

両者の大きな違いは、懐石料理は飯と汁が最初で、会席料理は最後。懐石料理は濃茶を美味しくいただくためのものであり、会席料理はお酒を美味しくいただくことが目的です。

日本唯一の料亭の遺構である京都の角屋は、飲食のみならず、歌舞音曲、茶道、和歌や俳句に至る民間最大の文化サロンとして有名でした。

ハロウィン

十月三十一日

ハロウィンは、Hallow＝神聖なという意味と、een＝イブニングの意。キリスト教では、十一月一日はあらゆる聖人を記念する祝日でした。その諸聖人の日の前夜祭がハロウィンです。

　一方、古代ケルト暦では、十月三十一日が一年の終わりの日。この日は、祖先が我が家に帰る日でもあり、また悪霊が横行する不穏な日でもありました。季節の変わり目には、洋の東西を問わず、百鬼が夜行するのですね。

　祖先の霊を家に導くためには、道を示す明かりが必要。悪鬼を追い払うためには神聖な火を焚く必要もあります。そこで、大きな蕪《かぶ》をくりぬき、窓を付け、中に蝋燭《ろうそく》を立て家中に置きました。

　魔女やお化けに仮装した子供たちは、「Tric or treat＝お菓子をくれなければいたずらをするぞ」と近所の家を回って歩きます。それは、中世の頃、祭り用の食料を貰って歩いた農民たちの様子を真似して、古い風習を今に伝えているものだとか。

　貰ったお菓子は近所の子供がそれぞれリーダーの家に持ち寄って、ハロウィンパーティーを開いて楽しみました。

　現在は蕪ではなく、かぼちゃが主流になりました。それは、日本に伝来したのはアメリカからで、アメリカ移民は早くから刻みやすいかぼちゃを使っていたから。イギリスやアイルランドでは今なお蕪が用いられています。

　日本でハロウィンが一般的になったのは、ごく最近、平成になってからのことです。クリスマスが大正時代から一般化したのとは、対照的ですね。

　この洋のお祭りを和の家にしつらえてみました。和の家の温かい包容力は、異国の文化をも受け入れて、案外似合ってしまいました。

能と狂言

金春《こんぱる》流の能　大蔵流の狂言

右頁上＝玄関には提灯を飾って二木屋の薪能がはじまります。
下＝神さまの依代として鏡板に松を描くのがしきたり。庭の松は、「羽衣」の自然の大道具です。演じるのは井上貴覚さん。

左頁上右＝「羽衣」のワキ漁師白龍は野口能弘さん。
上左＝狂言「蝸牛」の大蔵教義さん。
下＝面掛は最も重要。能面を付けた時、役になりきります。曲目は「鵺」。

日が落ちると共に、冴え渡る虫の声。夜のしじまに浮かび上がる篝火《かがりび》が、能の幽玄世界に心を誘います。闇に突き抜ける鋭い笛の音、カーンと空気をつんざく大鼓《おおつづみ》の音、そして地謡のうねり。火影に照らし出される面と装束……。

室町時代に観阿弥・世阿弥の登場で大成された能は、江戸幕府によって正式な演劇としての地位が与えられます。武士のたしなみとして広まり、武将たちは屋敷で能の会を催し、自らも舞を舞って楽しみました。二木屋の薪能《たきぎのう》の規模は、武将たちが屋敷に能役者を呼んで少人数で楽しんだ様子を再現しています。

薪能は、屋根のない青天井の下で舞うもの。舞台を照らすのは篝火だけ。しかし、暗いからこそ、そこで演じられるエネルギーを深く感じさせます。揺らめく篝火に装束の金糸・銀糸が映え、能面や装束に妖しい陰影をもたらします。昔ながらの照明は微妙な動きにも驚くほどの効果を与えるのです。

特設舞台の正面には、庭園中央の松の木が立っています。それは神事であった演能に欠かせない神の依代《よりしろ》であり、神に守られながら幽玄な時間と空間が満ちてゆきます。

日本人にとっての古典芸能

日本の古典芸能を代表する能楽。能楽とは、能と狂言の総称。六百数十年を経て現在も上演されている、演劇としては世界最古の芸能です。

平安時代には猿楽と呼ばれ、唐から伝来した散楽が、我が国固有の田楽や曲舞《くせまい》と合体して、鎌倉時代には能と狂言へと完成されていきました。能は笛や大鼓、小鼓、太鼓の囃子《はやし》に合わせて謡《うたい》が謡われ、面を付けた主人公が舞を舞います。室町時代に観阿弥・世阿弥親子が登場し、大転換を迎えました。観阿弥は、猿楽の芸術的な境地を深め、三代将軍足利義満を感動させ、お抱えの能楽師となったおかげで能を大成していくことができました。

世阿弥は、能の幽玄に着目し、現在残る曲目の半数ほどの作品を創作、二十二冊もの理論書も残しました。

桃山時代には、豊臣秀吉が能を愛好し、装束や能舞台が完成。徳川家康も能を保護し、江戸時代には幕府の式楽として、観世《かんぜ》、金春《こんぱる》、宝生《ほうしょう》、金剛《こんごう》の四座が登場。その後の喜多流を加えて能を発展させていきました。

狂言は、仕草と台詞《せりふ》による喜劇として鎌倉・室町時代に成立。狂言とは、本来は漢語で道理に外れた言葉という意味でしたが、それが演劇として磨かれ、おもしろおかしい言葉や動作を意味するようになりました。観阿弥・世阿弥が能を大成した頃、能に付随する芸能として独特の発展を遂げています。

室町時代後期には、大蔵流が成立し、江戸時代初期には鷺流と和泉流が成立。鷺流は大正時代に滅び、大蔵流・和泉流は存続し、現在は独特の芸術として再認識されています。

六〇〇年の伝統を持つ金春流。古くは円満井《えんまんい》座《ざ》と言って、春日大社や興福寺に奉仕していました。そして猿楽四座の中では最も古い歴史を持っています。

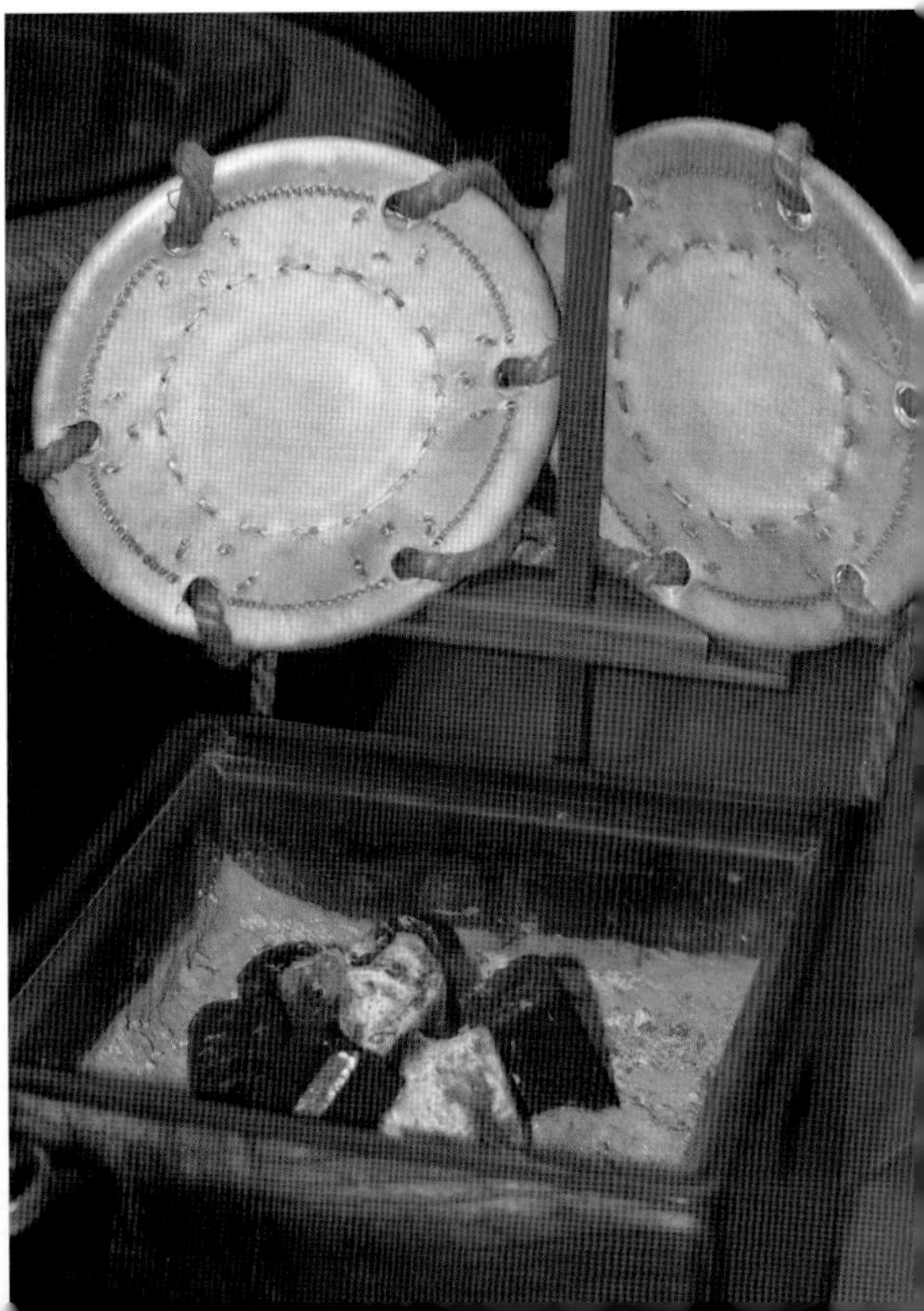

金春流が全盛を極めたのは、豊臣秀吉の頃。秀吉が最も贔屓《ひいき》にし、手ほどきを受けたのが六十二世の太夫、金春安照でした。安照は容姿に恵まれた役者ではなかったようですが、風雅で重みのある芸風で当代随一の実力者であり、秀吉から寵愛を受けたそうです。安照はまた、理論書も著しました。世阿弥の『風姿花伝』から始まった能理論書は、これを最後に目立った物は書かれませんでした。

明治維新は、芸術にとって大転換期でした。洋の東西を問わず、絵画も芸術も工芸も、貴族の庇護によって発展してきました。ところが、明治には後援者である公家や大名などがいなくなってしまったのです。

近代では、能楽堂、そして薪能という仮設舞台で一般の人々にも楽しめるようになりました。

二木屋で能を演じてくださる「座・SQUARE」のみなさんは、能と言えば難しそうだと敬遠している人たちに本当の魅力を知って欲しいと発足させた一座です。六〇〇年の伝統を持つ能を、二十一世紀に伝えるために立ち上がった若き面々です。

大鼓（右頁）

大鼓は、演奏前に二枚の皮を炭火で乾燥させ、響きをつくります。

桜鏡

金春流第七十九世家元・金春信高氏所蔵の小面が当家に伝わっています。銘は「小面・桜鏡」と家元の直筆で箱書きされています。

一方、二木屋で狂言を演じてくださる大藏吉次郎さんは、大藏流二十四世家元のご二男。母校の二松学舎大学の狂言研究会の師範や古典芸能入門の講義を持ち、さらに自宅で一般の人々の稽古も行うなど、古典芸能の普及に努めています。宗家の硬質で上品な芸風を受け継ぎ、真面目な中に洒脱な面があり、狂言界の牽引役として期待されています。ご子息の教義さんは、その美貌とおかしみで、女性に大人気。明日の狂言界の担い手です。

二木屋の能楽は、平成十二年に始まり、一年に四回〜六回の上演。普通薪能は一年に一〜二回しか演じられないので、六十回になるには六十年かかりますが、二木屋は九年で四十三回目。世界最多上演回数の薪能になる日も近そうです。

そして、雨に降られないのも不思議です。ところが、平成十七年の二十一回目、雨が降り、急遽、大座敷の鴨居に蝋燭《ろうそく》を三十本架け回し、演じていただきました。これがまた演者と客方が間近く、幽玄さがいっそう際立ちました。

能装束と能の料理

贅の限りをつくす能衣装。透けて見えるほどに繊細な薄物あり、箔を施したものあり。特に、絢爛豪華な唐織りは、綾織地に多彩な色糸を織り込み、刺繍のように繊細な模様を織り込む技法で、古くは将軍家や能衣装など用途が限られていた貴重な織り物。

能の料理は、そのアイデアをいただき、料理に能のイメージをいっぱいに盛り込みます。

能の宴

上＝焼き物に糸唐辛子を乗せて、鵺の赤頭に見立てました。あまり辛くはないので、安心です。

下＝松のお皿にお刺身をあしらい、天女の忘れ物・松に架かる羽衣は大根のかつら剥き。

鵺《ぬえ》が演じられた日には、焼き物に糸唐辛子をたっぷり乗せて鵺の赤頭を表現。羽衣が演じられた日には、大根の桂剥きで羽衣を表現。井筒が演じられた日には、器に井戸をあしらったり。また、般若の面を専門家に折り紙で折っていただき箸置きにしたり。

小さな小さな二木屋の薪能。能を堪能していただいた後は、その余韻を料理で味わっていただくために、能尽くしでおもてなしいたします。日本料理とは、主題を形にするのが作法です。

十一月

霜月《しもつき》

「霜月」「霜降り月」「雪見月」「神楽月」と呼ばれる十一月。霜が降り、雪が降り、本格的な冬を迎えるこの時期、出雲にお出かけになっていた神さまは地元にお帰りになります。地元では、神さまのお帰りを歓迎しておもてなしをしました。

十一月は、神楽月という異名にちなんで、七福神が勢揃い。他にも、由緒ある京都の七福神めぐりの御朱印を掛け軸にしたもの、また五十人ほどの大黒さまが碁や盆栽を楽しんでいるお軸も登場。

七福神は本来お正月に飾るものですが、大勢の神さまに囲まれて、冬の訪れを目出度く過ごします。

縁結びの神 七福神

神様の大移動からお戻りになって

旧暦の十月、今の十一月は、神さまの大移動の時期。旧暦十月の十一日から二十六日まで、八百万《やおよろず》の神さまが出雲に集まって全国大会をされるからです。

十一日から十七日までは、出雲大社で会議。それから佐太神社に移動してさらに会議を続けます。

出雲大社の祭神は、大国主命《おおくにぬしのみこと》。国土を献上した神さまなので、自分の子供たちを全国に配し、各地を治めさせました。子供たちは年に一度出雲に里帰りをし、一年の報告をし、新しい年の計画を立てるのだそうです。

議題は、人間の運命について。特に、誰と誰を結婚させるかが主テーマ。そこで、出雲大社は縁結びの神さまとして信仰を集めているのです。

十月二十六日、万九千社《まんくせんしゃ》から神さまが地元へ出発なさいます。この日の夜、厠《かわや》に行くと神さまがお尻を撫でるというのが出雲の人々の言い伝え。それは、神さまが出発する日は潔斎していましょうね、ということだったのでしょう。

神さまはどこにお泊まりになるかというと、出雲大社の東十九社・西十九社と呼ばれる長屋状の社《やしろ》。まるで、ビジネスホテルの原型にも思われます。

十一月に地元に戻った神さまたちは、英気を養い、ヤル気満々です。新しい年を迎えるために精一杯働いていただきましょう。

という訳で、十一月の室礼に登場するのは七福神です。

福の神への信仰は古くからあり、室町時代に寿老人、福禄寿、布袋和尚が加わり目出度い数字の七柱になりました。

戎三《えびすさぶ》郎《ろう》

伊弉諾尊《いざなぎのみこと》、伊弉冉尊《いざなみのみこと》の子供。蛭子《ひるこ》であった三郎は体が弱く、足腰が立たないために芦舟に乗せられて流されてしまいました。そして、漂着した西宮で神と祀られます。風折帽子に狩衣《かりぎぬ》、右手に釣り竿、左に鯛を抱え、商売繁盛の神さまとされています。

大黒天《だいこくてん》

古代インドの神さまで、仏教に取り入れられて仏法の守護神になりました。狩衣をまとい、頭には頭巾、左肩に袋を背負い、右手に槌を持っています。米俵の上に立つ、富貴、長寿の神さまです。

弁財《べんざい》天女《てんにょ》

古代インドの神さま。琵琶を抱えている通り、音楽を司ります。七福神では紅一点。音楽、弁財（話術）、福智、延寿、除災、勝負など、さまざまなご利益が得られます。

毘沙門天《びしゃもんてん》

古代インドの神話に出てくる神さま。知恵と勇気の守り神。仏教に取り入れられて、善行を積む人々に福を授けます。

寿老人《じゅろうじん》

中国の思想家・老子が天に昇って南極の老人星になったという道教思想の神。仙人の姿で一五〇〇歳の天寿を全うしたという長寿の神。一頭の鹿を伴っています。

布袋和尚《ほていおしょう》

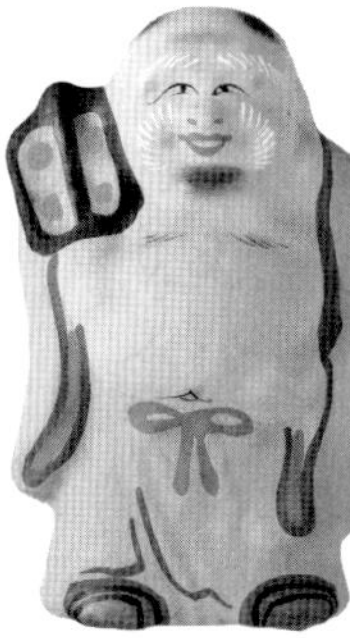

七福神の中で唯一の実在の人物。弥勒菩薩の化身とされ、一本の杖と布袋を背負って市井を歩き、どこでも眠れるという怪人。不老長寿、無病息災の神さま。

福禄寿《ふくろくじゅ》

道教の思想である、福、禄、寿、つまり幸福と富と長寿を擬人化したもの。長い髭をたくわえ、杖の先には経巻を結わえ、いつも白鶴を伴っています。

「七難即滅、七福即生」を約束してくださる七福神。神楽月に願いを聞き届けていただきますように。

平櫛田中《ひらくしでんちゅう》作「大黒天」

三春張り子の七福神は橋本広司作

七五三

七、五、三、と
目出度い歳の子どもたちが神社にお参り

七五三の人形たち

右頁＝鶴亀と松竹梅、高砂で目出度くデザインされた千歳飴。
左頁上＝人間国宝・故平田郷陽さんの写し。吉徳大光作。
中＝京都・橋本人形店の市松さん。
下＝京都・丸屋大木平蔵、通称丸平の稚児《ちご》人形。

十一月十五日に、三歳の男女、五歳の男の子、七歳の女の子の成長を祝うのが七五三です。

　平安時代には、男女とも生まれて七日目に頭髪の産毛を剃り、三歳までは坊主頭で、その春から髪を伸ばし始めました。その日、碁盤の上に子供を乗せ、白い絓《すが》糸《いと》で作ったかずらをかぶせる「髪置きの儀」が行われました。その後、おかっぱにし、女の子は振り分けのおすべらかしにしていきます。

　武家社会では、三歳になると、おかっぱ頭から髪を結う「髪置きの祝い」を行いました。古い戸籍である人別帳への記入は、生まれてすぐにではなく、三〜四年経ってから行われたことも多かったようです。それほど三歳まで育つのは祝うべきことでした。

　また、平安時代、男女とも五歳前後に初めて袴《はかま》をつける儀式を行いました。これは「着袴《ちゃっこ》の儀」と呼ばれます。これも碁盤に子供を乗せ、腰結い役が袴をつけました。今でも宮中では古式に則った「着袴の儀」が行われているそうです。

　鎌倉時代には男女とも七歳になると、帯の代わりにつけていた紐から、初めて帯を結ぶ「帯解《おびとき》の儀」となり、男女とも九歳で行われていたものが、江戸時代には、男の子は五歳、女の子は七歳になりました。

子供の成長を祝う宮中の行事を習合させ、七五三と目出度い数字である奇数を並べて神社にお参りするのは、江戸時代になってからのこと。十一月の十五日に設定したのは、二十八宿の鬼宿日であり、この日は鬼は家にいて災厄を及ぼさない吉日だからだそうです。

　七五三で嬉しい千歳飴。その字のごとく長寿を願って細く長く作り、縁起の良い紅白で染められています。そして、鶴亀や松竹梅が描かれた袋に入れられ、子供たちの幸せを祈りました。

　千歳飴は、元禄の頃、江戸の浅草寺《せんそうじ》で売られていたものが全国に普及してゆきました。

時間と共に暮らす 自然と共に呼吸する

生活評論家・女性の生活研究室代表
みかなぎ りか

除夜の鐘が鳴り終わると、新しい年。さっきと一瞬しか違わないけれど、そこには清々しい空気が流れ、気持が引き締まります。私たち日本人は、そんな風にして廻り来る時間を特別なものとして暮らしてきました。

でも、現代人にとって、時間は物理的なもの。毎日晴れ着を着て外出しご馳走を食べる、毎日が晴れの日。晴れと褻《け》の区別がなくなり、明日は今日の続きとしか感じられなくなってしまいました。

でも、自然は昔のままに日々新しい時を刻んでいます。元日を迎えると米粒三つほどずつ日が長くなり、雪の下では草々が芽を出そうと準備を始めます。春になれば桜の蕾が膨らみ、今か、今かと人々を惑わせます。若葉薫る五月に野山を歩くと、本当に青葉の薫りにむせかえります。秋には、全山真っ赤に燃え上がり、まさに唐錦。やがて、雪が降り、静かな冬が廻ってきます。

美しい自然に囲まれた

日本ですから、自然と共に、時間を紡いでいきたいものですね。

時と共に、自然と共に暮らすナビゲーターの役割が「室礼」です。花屋さんに真っ先に登場する季節の花。お正月には松と梅、二月は水仙、三月は桃の花、四月は桜、五月は紫陽花、六月は薔薇、七月は朝顔……ある時は生花で、ある時は小鉢で我が家に取り入れると季節感が満ちあふれます。

年末には、おせち料理をお子さんと一緒に作ってみてはいかがでしょう。おせち料理には日本の文化と歴史がいっぱい詰まっています。机上の勉強では頭を通り抜けてしまうけれど、素材を見ながら、作りながら覚えるのが生きた食育なのではないでしょうか。

お雛祭りには、おばあちゃまのお雛さま、お母さまのお雛さま、お子さんのお雛さまが勢揃い。時代とともにお顔や衣装も違い、それは我が家のルーツと時代の経過を知るきっかけにもなります。

敬老の日は、重陽の節供が変化したもの。老人ばかりではなく、みんなの健康を祝ったものでした。重陽の節供に思い

飾る場所を決めて、そこに似合う十二ヵ月を飾る

を馳せて、ご家族の健康を祈りましょう。節供は、日本文化を伝承する生きた情報源ですね。

一期一会《いちごいちえ》は、茶道の心得。「茶会の時、一生に一度の機会と心得て、主客共に誠意を尽くす」という意味。その背景には、「一期＝人が生まれてから死ぬまで」、「一会＝集まり」という仏教用語があり、人との集まりは生涯に一度の覚悟で臨みなさいという意味が籠められています。

時との出会いも一期一会。

その一瞬を新たに感じられるのが室礼生活です。生活にリズムが、一年にメリハリがもたらされます。さらに、室礼の奥には日本の文化が隠され、その歴史を知れば知るほど室礼生活が楽しくなります。

本書の監修者の目で二木屋の室礼を見ると、しつらえる小林玖仁男自身が楽しんでいるように見受けられます。まず、玄関が第一ステージ、飾り棚、床の間を第二ステージ、第三ステージと決めていきます。飾る舞台をしっかり定めて、そこに似合うサイズで十二ヵ月をはっきり表現できるものだけを買いそろえているようです。

私などは、旅に出かけると手当たり次第に気に入ったものを買ってしまいます。沖縄のシーサー、京都の豆皿、鹿児島の切子、四国の奉公さん……雑多な思い出が無秩序に並んでいます。

これからは、ちょっと考え方を変えようと思いました。二木屋のように、十二ヵ月を頭に入れながら思い出を紡いでいきたいと。そうすれば、我が家にも時の一期一会が期待できそうです。

みなさまも、本書を参考にして、室礼生活を楽しんでいただきますように。

みかなぎりか

生活評論家・女性の生活研究室代表。企業の情報を消費者に伝えると同時に、消費者の生活情報を企業に届け、よりよい相互関係を築くことをライフワークとする。一九七一年に編集プロダクション（株）SHICHI原宿センションを設立。一九八四年には消費者調査部門（株）女性の生活研究室を設立。

十二月

聖夜《せいや》

十二月の二十五日は、イエス・キリストさまがお生まれになった日。でも、新約聖書には、実は、誕生日はどこにも書いてありません。ヨーロッパにおいては冬至は一年の変わり目で、新しい生活と活動を準備する日。古代の季節の祭りがキリスト教に受け継がれたのでしょう。

クリスマスには、ロシアイコンも登場します。祭壇は、東南アジアの鏡台だったのでしょう。バックの布を選んだら、最も似合ったのがペルシャ紋を再現した龍《たつ》村《むら》織《おり》でした。この室礼は、時空を超えて、ヨーロッパから日本へ、シルクロードの国々の品物で完成しました。

クリスマスとは

大正時代に一般化された、日本で最もポピュラーな外来イベント

ニューヨークのサンタクロース

ヨーロッパにおいては冬至が一年の変わり目として重要な意味を持っていました。ローマ人が冬至に行った祭りが農神サトゥルナリア祭と呼ばれ、それがキリスト教徒に受け継がれ、北ヨーロッパではクリスマスに、南方ではカーニバルになったということです。

　イエスは、ナザレ村の大工ヨセフの婚約者である、処女マリアから生まれました。マリアは、精霊によって身ごもったとの告知を神の使いから受け、やがて月満ちて男の子を生みました。二人は神の命に従ってその子をイエスと名付けます。イエスとは、「神の救い」という意味。また、キリストとは「油注がれた者」、救い主を意味しています。

　クリスマスは大正時代に一般化された、日本で最もポピュラーな外来イベントと

言えるでしょう。お父さんは子供たちへのプレゼントとクリスマスケーキを買って我が家へ急ぎます。宗教と関係ない分だけ、それは子供たちの楽しみになったのではないでしょうか。

　クリスマス前夜に、サンタクロースが煙突から入って来て、暖炉に吊るしてある子供の靴下に贈り物を入れていくという伝説は、ヨーロッパ各地に伝わっています。その人は、ローマのディオクレティアヌス（在位二八四〜三〇五）の時代にトルコ南部のミュラに住んでいた聖《セント》ニコラス。子供、学者、商人を守る守護神としてあがめられていました。

　クリスマスケーキは各国で意匠を凝らします。イギリスでは干したレーズンやプラム、リンゴやオレンジピールを細かく切って生地に練り込んだミンスミートパイ。ドイツではキリストが生まれた時の枕の形を模した、シュートレン。フランスでは、クリスマスの一週間前から長い一本の薪を燃やし続ける習慣があり、その薪をかたどったブッシュドノエル。イタリアでは干しぶどうや果物の皮の砂糖漬けが入ったパネトーネ。アメリカではおなじみのデコレーションケーキ。

　クリスマスカードは、イギリスのヴィクトリア女王（一八二九〜一九〇一）とその婚約者であるアルバート公が結婚前に郵便で送り合ったのが世界初。でも、当時は郵便料金は距離によって算出され、受取人払いであったことから、あまり普及しませんでした。そして、十九世紀半ばに料金が均一になり、差出人払いとした時から、クリスマスカードを送り合う習慣が定着したそうです。

　クリスマスを一大イベントにまで仕立て上げたのは、イベント好きなアメリカでした。アメリカのクリスマス騒ぎは盛大。十一月の第四木曜日の収穫祭であるサンクスギビングデーの翌日からはクリスマスホリデー。家々は庭や窓を賑やかに飾り、その装飾を自慢し合います。

ドイツのサンタクロース

キャンドル

キリストがお生まれになった時、東からきた三人の博士は、大きな星が馬小屋の上で止まるのを見ました。馬小屋を訪ねてみると、そこには光り輝く男の子がいました。

キリストの物語や絵画には、常に光が伴います。そこで、ある年は、庭にキャンドルを灯して華やかさを演出します。

イルミネーション

サンタクロースとプレゼントを乗せたトナカイが、間違えないで我が家に到着しますように。

落ち着きの中にも華やかさを表現するために、ある年は庭にイルミネーションを灯して聖夜を寿ぎます。室内は大人の落ち着きを、外は輝く別世界に……聖夜は静かに更けてゆきます。

ガラスにうつりこんだトナカイのイルミネーションがまるで部屋のなかに入りこんでいくように見えます。

和にしつらえるクリスマス

和の室礼には重厚なクリスマスグッズが似合います

キリスト教徒でなくても、心がときめくクリスマス。次第に行われなくなった日本の節供に比べると、ますます華やかになっているような気がします。街には巨大なクリスマスツリーが輝き、郊外のお庭にも趣向を凝らしたイルミネーションが飾られています。それも、以前に比べるととても豪華で美しくなっているように感じられます。

十一月ともなると、デパートからスーパーマーケットに至るまでクリスマスグッズが店頭を賑わします。サンタも天使もトナカイも、可愛いデザインがいっぱい。親子連れがあれこれ相談しながら買い求めている様子は、微笑ましくもあります。しかし、和の室礼に可愛いクリスマスグッズは似合いません。重厚な、本物であれば懐深く受け入れるのですが。

二木屋の聖月の室礼には、イコンやルオーのミゼレーレ、隠れキリシタンの燭台などが登場します。

イコンとは、キリスト教において神や天使や聖人を描いた絵や像で、崇敬の対象とされるもの。形を意味するギリシャ語のイコナが語源ですが、英語のアイコンはイコンに由来します。つまり、教会でも、コンピュータ上でも、誰が見ても象徴となる意味が籠められている絵文字のこと。ロシアイコンを入手し、飾る祭壇状のものを探していました。見つけたのは東南アジアのアンティークの鏡台。バッグの布を合わせてみると、最も落ち着いたのがペルシャ紋を再現した龍村織でした。文化は違っても本物同士はぴったりと息が合います。（123頁参照）

ルオーのミゼレーレは、キリストの生涯を描いた版画で、全五十八点あります。ただ、血塗られたゴルゴダの丘など料理屋の室礼にふさわしくないものもありますので、全てが飾れるわけではありません。重いテーマのモノクロの版画ですが、黒く塗られた床の間によく映えます。ある時はバックにタペストリーを吊り下げて。床の間は、その布までとけ込ませる包容力を持っています。（135頁参照）

隠れキリシタンは、もちろん隠れているわけですから、人目のつかない部分に十字架を隠しました。例えば、燭台。表は単なる燭台に見えて、裏には十字架の切り込みがあります。（129頁参照）普段は表を見せておいて、祈りの時間には十字架を前に向けたのでしょう。観音さまに見せかけたマリアさまのイコンなども隠れキリシタンの芸術作品です。

上右＝隠れキリシタンの心意気。額の中は、観音さまに見せかけたマリア像。燭台は、本来は十字架は見えませんが、あえて十字架を正面にして飾りました。
上左＝パリの蚤の市で買い求めたマリアさま。敷き物は僧の衣です。
下左＝ロシアのマトリューシカ人形も、サンタあり、スノーマンあり。

クリスマスの料理

和皿に洋食を盛る、洋皿に和食を盛る

クリスマスのミサが日本で初めて行われたのは、戦国時代のこと。しかし、クリスマスが商業的なお祭りにまで広がったのは、明治時代、一九〇〇年に明治屋が銀座に進出して大々的にクリスマス商戦を打ち出してからだと言われます。大正時代には、少女雑誌などで盛んにクリスマスの楽しみ方などが掲載され、心をときめかせていました。

昭和初期には、銀座や渋谷の喫茶店やレストランでは、クリスマスの献立を用意し、店員はサンタクロースの仮装をして接客したそうです。

一九三一年十二月十二日の新聞には「七千四百余の喫茶店に華やかにクリスマスが訪れサンタ爺さん大多忙を来す」と報じられました。

日本のクリスマス料理と言えば、七面

鳥とデコレーションケーキが代表。アメリカから伝えられたために、華やかなアメリカ志向が定着してしまいました。

これほど日本に定着しているクリスマスですが、洋を和にアレンジすると、落ちついた大人のクリスマスが味わえます。

和のクリスマス料理は、まず前菜にクリスマスの意匠を凝らします。

蓮根で雪の結晶を作る。鶏松風《とりまつかぜ》をモミの木型にする。大根で蝋燭を作る。クリスマスはXmasと略されるので、Xの文字をかたどる。クリスマスカラーの赤と緑をふんだんにあしらう……。

日本料理の節季を表現する楽しさは、前菜が真骨頂。最初に出会う一皿に驚きと楽しさを盛り込むのが日本料理の特徴と言えるのではないでしょうか。板前も、お客さまの驚くお顔を想像しながら企画し、テーマを盛り込みます。

和皿に洋食を盛り、洋皿に和食を盛るのも思いがけない展開でクリスマスらしさが楽しめます。

和のクリスマス料理

右頁＝大根の白と赤の蝋燭はクリスマスに必携のアイテム。れんこんは雪の結晶。鶏の挽肉をオーブンで焼いて芥子の実を振って松の皮に見立てる鶏松風は、クリスマスカラーのグリーン仕立て。器はオーク樽に漆を加工したものです。

左頁上＝かまくらに河豚《ふぐ》の薄造り。旨味が増したこの時期の河豚はご馳走です。河豚の白を際立たせるグリーンと梅ソースの赤を添えて。

下＝甘鯛の雲丹焼き。赤とグリーンのクリスマスカラーでXをあしらいました。器は立原潮さんの監修。

師匠も走り、若きも走る

―十二月の暮らし―

いよいよ、師匠も走り回るほど忙しい師走《しわす》。物理的な忙しさ以上に精神的なせわしなさも加わるので、スケジュールをしっかり立てて取り組むことが大切です。

お歳暮を贈る

最近はめっきり少なくなってしまったお歳暮習慣ですが、今年特にお世話になった方には早めに贈っておきましょう。

年賀状を書く

年賀状の取り扱いは十五日から二十八日まで。月末になるほど忙しくなりますので、十五日を目指して準備を怠りなく。

十三日は事始め

昔は、十三日から正月準備を開始。この日に門松やお雑煮を炊くための薪を山に採りに行きました。その習慣に倣《なら》って、食品以外の買い物はこの日にするというのも一考ですね。京都の芸妓さんたちは、この日、お師匠さんやお世話になった茶屋に挨拶にでかけます。お師匠さんへの挨拶の言葉は、「おめでとうさんどす」と、この日から新春ムードがスタート。

大掃除を済ませる

畳を庭に干し、煤払《すすはら》いをし、障子を張り替え……懐かしい昔の大掃除風景も、最近は見られなくなりました。それというのも、畳もないし、障子もないし、庭もないし、家具を運ぶ人手はないし。

現代の大掃除は、一日でやるより、計画的に一週間かけてやるのも方法。押し入れを整理する日。クローゼットを整理し、不要な物を処分する日。水回りを磨く日。神棚・仏壇を掃除する日。照明器具を磨く日。ガラス磨きなどは休日に設定し、家族を巻き込むのもいいですね。

冬至には柚湯に入る

季節の変わり目には邪気が忍び込みやすいので、この日は邪気払いや中風予防に小豆を入れた入れた冬至粥、南瓜《かぼちゃ》やコンニャクの煮物を食べます。ビタミンAが豊富な南瓜は、血管の若返りに有効であり、腸内の有害物を排出してくれるコンニャクも健康的な食材。理に叶っていたのですね。

柚湯に入るのも、ビタミンCにあやかって風邪に負けないおまじないです。

クリスマス

十二月になったらクリスマスの飾り付

けを。なんといってもイブのプレゼント交換とディナーが楽しみですから、事前に計画を立てて、思い出深いクリスマスを過ごしましょう。

門松を飾る

門松は、二十九日に飾るとクマツ、つまり苦労が付いて回ります。一夜飾りと言って、三十一日にも飾ってはいけません。ギリギリまで放っておく怠惰な性格を戒めたものでしょう。

おせち料理を作る

最近は家族にあまり人気がなくなってしまったおせち料理。昔のように四段重を作らなくても、二〜三品でもいいから作ってみませんか。おせち料理は、お正月を改まった気持にしてくれます。

年越し蕎麦を食べる

年越し蕎麦は、細く長く達者で暮らせるようにという縁起物であるという説と、江戸時代の商家の大晦日は忙しく夕食の支度をしている時間がないので蕎麦を食べたという説があります。ご家族が一年を無事に過ごせたことを年越し蕎麦でお祝いしたらいかがでしょうか。

除夜の鐘

人間には一〇八の煩悩があるとか。除夜の鐘を聴きながら、一年の煩悩を祓いましょう。

ミゼレーレ

ルオーが二十年を費やした最高傑作でクリスマスをしつらえる

二十世紀を代表する巨匠、三人。パブロ・ピカソ、ジョルジュ・ルオー、マルク・シャガール。優れた絵画を残しただけでなく、版画も生み出しました。ピカソは「サンタンバンク（旅芸人）」、シャガールは「ダフニスとクロエ」、そしてルオーは「ミゼレーレ」。これが世界三大版画集です。

ミゼレーレは、ルオーが二十年を費やした最高傑作であり、モノクロームでキリストの生涯を描いています。その力強い線と深い宗教心に満ちた造形からは、キリストの生涯にふさわしいエネルギーと敬虔《けいけん》な祈りが伝わってきます。ミゼレーレと名付けられたのは、旧約聖書の「ミゼレーレ・メイ・デウス（神よ、我を哀れみたまえ）」の言葉から。全五十八点。すべての作品に聖書の言葉が引用されています。

日本家屋に西洋絵画は似合わないと考えがちですが、黒い土壁の床の間は、静も動も受け入れる静かな舞台。豊かな包容力でルオーの名画を引き立てます。

右頁＝「死に至るまで、そして十字架の死に至るまで従順する」
上＝「汝ら、互いに愛し合うべし」
下右＝「高慢と無信仰のこの暗き時代に、地の果てより聖母は見守る」
下左＝「汝ら、彼の死において洗礼を受けたり」

ゆく年、来る年

忙しい年末を、少しでも豊かに過ごしていただくために、二木屋のクリスマス飾りは最終営業日である二十九日までしつらえています。でも、楽屋ではすでにお正月の準備が着々と進んでいます。

十二月三十日から一月二日に営業を開始するまでの三日間が、一年中で最も場面転換がダイナミックな時です。雛まつりは、二月十日頃から徐々に飾って、四月三日までしつらえる、いわばフェードイン・フェードアウトのしつらえ。ところがこの時期は、洋から和へ、瞬時に取り替える、いわばカットアウト・カットインのしつらえなのです。

お正月の準備

門松を手配する……お客さまが最初に目にする場所、外回りからイメージします。門扉の飾り、玄関の門松、玄関上の注連縄《しめなわ》。

床の間を飾る……お正月さまのメインステージであるお座敷の床の間には、五穀豊穣の象徴である米俵に餅花を飾り、左右には目出度い鯛の張り子を置きます。

なんでも目出度くする水引……水引は、注連縄の変化したもの。紅白、金銀の水引を用意しておくと、とても便利。

箸、箸袋、みんな新しく……三が日にいらしたお客さまには、主人が箸袋にみなさまのお名前を書いて祝箸をお使いいただきます。

独楽も羽子板も鶴亀も野菜の剝き物です。

冬至にかぼちゃ 十二月二十二日頃

二十四節気の一つ冬至は、一年中で最も昼が短い日。でも、一陽来福と言われ、陰が極まって陽が生ずる希望に満ちた日でもあります。

この日、かぼちゃを食べると病気にならないと古くから言い伝えられています。中風（脳卒中）にならない、風邪を引かない、長生きするなど、さまざまな効用がありますが、現代栄養学からみても大正解。かぼちゃには体内でビタミンAに変化するカロチンがたくさん含まれ、血管を柔軟にしてくれます。そこで、動脈硬化を予防。さらに、肌を美しくし、視力を助け、免疫機能を活性化します。

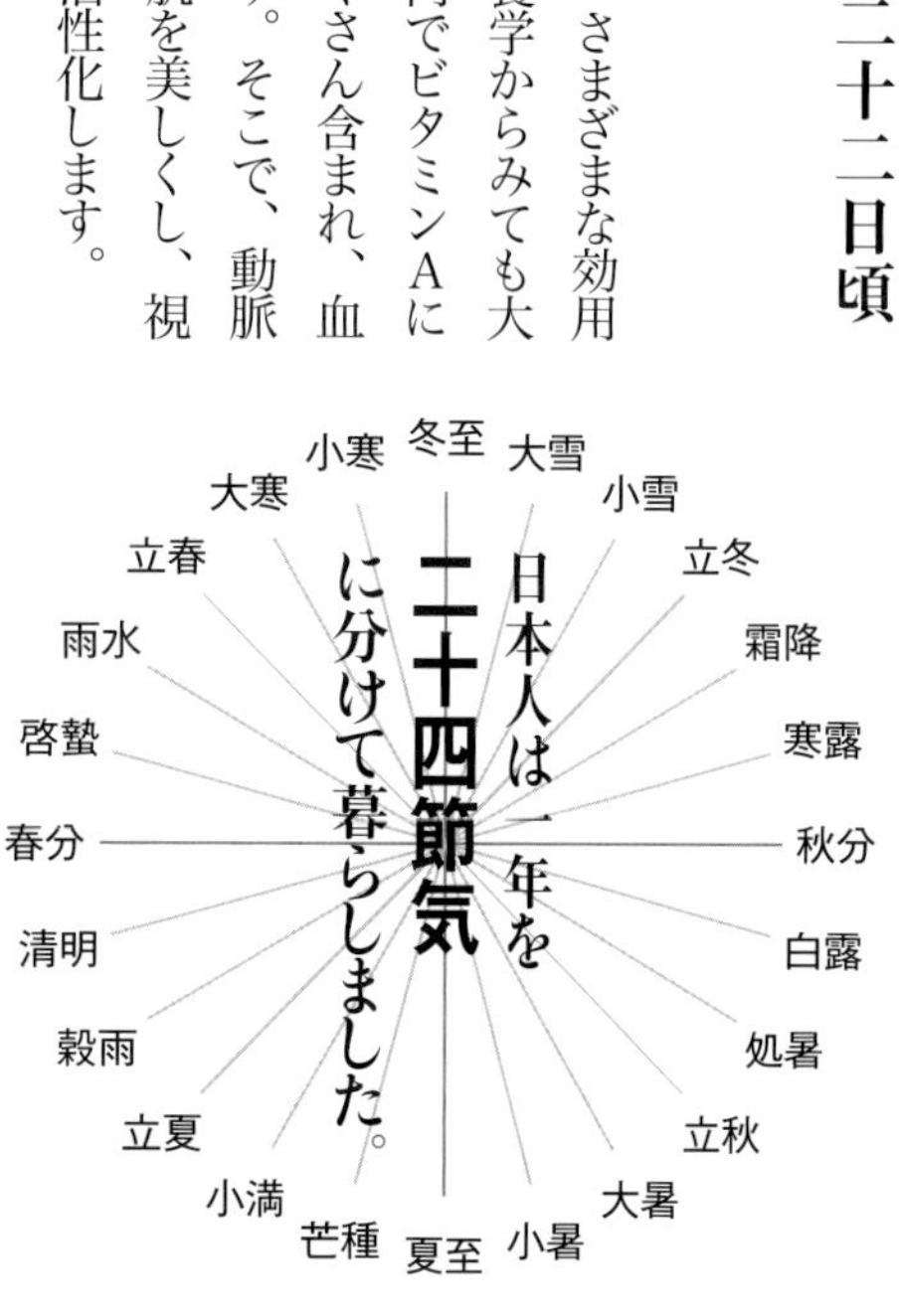

剥き物の楽しみ

見せる剥き物、食べる剥き物。どちらもお客さまに驚きと楽しみを味わっていただく板前の技です。牡丹の花は見て楽しんでいただく物。小振りの菊南瓜といわれる日本南瓜は、大きさもちょうどよく、剥き物によく使われます。大きい西洋南瓜は、煮含めて食べていただく剥き物向き。南瓜の皮を残しながら自然のデザインを写し取ります。

日本人は一年を**二十四節気**に分けて暮らしました。

冬至・小寒・大寒・立春・雨水・啓蟄・春分・清明・穀雨・立夏・小満・芒種・夏至・小暑・大暑・立秋・処暑・白露・秋分・寒露・霜降・立冬・小雪・大雪

あとがき

二木屋主人　小林玖仁男

今から十年前、祖父が残した古い家で日本料理屋を始めました。建て直すことも考えましたが、それももったいない。といって大きな古い家は住みづらい。ならばなつかしい昔の家をいっそ料理屋にしてみなさんで楽しんでいただきたい。そんな想いからの出発でした。

日本料理とは複合芸術です。季節の食材、その時季だけの器、その時の歳時を調度に取り入れて……と、季節感を演出する仕事です。店をやっていくうちに、お客さまはそういうことに大きな期待をしてくださることがわかりました。

雛祭りに、家に伝わる雛を飾ったら、お客さまがとても喜んでくださいました。端午の節供も、七夕もそうでした。古くから伝わる年中行事をお料理に取り入れ、調度品も変えていく。こういうことが何よりも古い建物には似合いました。

季節が原作。家は劇場。室礼は大道具。器は衣装。料理が演目。そして主人は座付作家で、料理長が演出家です。そんな思いを研鑽して十年。いつのまにか「年中行事の室礼と料理」が私どもの店のテーマになっていきました。

しかし、年中行事をどう料理と室礼に取り入れていくかを教えてくれる本はなかなか見つかりませんでした。あっても難しい専門書。図説で見せてくれる本はありません。そこで、毎月毎月工夫しながらしつらえた形を写真に取り、その意味を文章で綴り、一冊の本にまとめたのが本書です。欲しかった本は売っていなかったので、監修のみかなぎりかさんと、写真の大橋賢さん、求龍堂の三宅奈穂美さんのお力を借りながら自分でこしらえたわけです。

初版は二四〇ページ・ハードカバーの重い立派な本ができあがりました。重版の時を迎えて、「もっと安価でもっと親しみやすい普及版を」というみなさまの声をいただき、大幅に改定したのが本書です。

かつて日本人は神さまに感謝をしながら、季節感を楽しみ、旬を食し、祭りを飾りながら暮していました。そのごくごく一部ですが、皆さまの暮らしのヒントにしていただければと思い、出版させていただきました。

私の好きな良寛の言葉に「花無心にして蝶を招き　蝶無心にして花を尋《たず》む」というのがあります。人は、花で在りたいと思います。では、花とはいったい何でしょうか。世阿弥は『風姿花伝』の中で「花と面白きことと珍しきこと　これ三つは同じ心なり」と説いています。

面白いこと、楽しいこと、珍しいこと、希少なこと、個性のあることで、生活を楽しむ。本書が豊かな和の暮らしのヒントになれば幸いです。さらに料理屋や旅館を経営する皆さまには、お客さまをお迎えする参考にしていただければ、筆者としては最高の喜びです。

※本書は『節季の室礼　和のおもてなし』(二〇〇六年 求龍堂刊)を大幅改定して出版いたしました。

演し物は季節と年中行事です。
部屋が舞台です。
室礼は大道具です。
器は衣装です。
料理は演目です。
演出家はあなたです。
今月はどんな気分で
部屋を飾り、料理をつくろうか。
あなたらしさで
暮らしをしつらえてください。
家とは劇場です。
お客さまがいらして、
家族が楽しむ劇場です。

この本をつくったひとびと

著者　小林玖仁男

国登録有形文化財・二木屋主人。企業の販売促進の企画プロダクションを経て、鋳物業を継承。その後、企画、保険、梱包などの事業を立ち上げる。四十四歳で二木屋を開業後はそれらの事業を分社化し、料理屋一筋に。長年培った趣味や仕事をすべて二木屋に結実させ、食と室礼と歳時で日本文化の厚みを発信している。

監修　みかなぎりか

女性の生活研究室主宰。マーケターとして、編集者として活躍。二木屋主人が編集企画に携わっていた時代の上司であり、的確なノウハウと人脈を二木屋に提供する。編集者としてこの著書の監修を手がける。

写真　大橋　賢

親子二代に渡る写真家。福田周平氏に師事。一九九三年に渡仏し、ファッションデザイナーらと仕事をする。二木屋主人とは二十歳のころに知己を得て、二木屋の撮影に携わる。

料理長　伊藤四郎

平成十五年から二木屋料理長として活躍。歳時と室礼で日本料理をより美しく、楽しく、魅力的に演出する二木屋様式を追求している。「料理はまごころである」がモットー。

図説歳時記

日本《にっぽん》の室礼《しつらい》

二木屋の作法

発行日　二〇〇八年十月二十六日　初版
二〇一八年三月三日　第2版

著　者　小林玖仁男

監　修　みかなぎ　りか（女性の生活研究室）

写　真　大橋　賢

印刷・製本　凸版印刷株式会社

発行者　足立欣也

発行所　株式会社求龍堂
〒一〇二―〇〇九四
東京都千代田区紀尾井町三―二三
文藝春秋新館一階
電話　〇三―三二三九―三三八一（営業）
〇三―三二三九―三三八二（編集）

ISBN978-4-7630-0821-3 C0077

国登録有形文化財・二木屋
〒三三八―〇〇一二
埼玉県さいたま市中央区大戸四―一四―二
電話 〇四八―八二五―四七七七
FAX. 〇四八―八三一―二四五二
http://www.nikiya.co.jp